De Negerhut Van Oom Tom: Drama In Acht Bedrijven Van Dumanoir En Dennery, Naar Het Fransch Door Cornelissen En Beems...

Dumanoir (Philippe, M.)

Nabu Public Domain Reprints:

You are holding a reproduction of an original work published before 1923 that is in the public domain in the United States of America, and possibly other countries. You may freely copy and distribute this work as no entity (individual or corporate) has a copyright on the body of the work. This book may contain prior copyright references, and library stamps (as most of these works were scanned from library copies). These have been scanned and retained as part of the historical artifact.

This book may have occasional imperfections such as missing or blurred pages, poor pictures, errant marks, etc. that were either part of the original artifact, or were introduced by the scanning process. We believe this work is culturally important, and despite the imperfections, have elected to bring it back into print as part of our continuing commitment to the preservation of printed works worldwide. We appreciate your understanding of the imperfections in the preservation process, and hope you enjoy this valuable book.

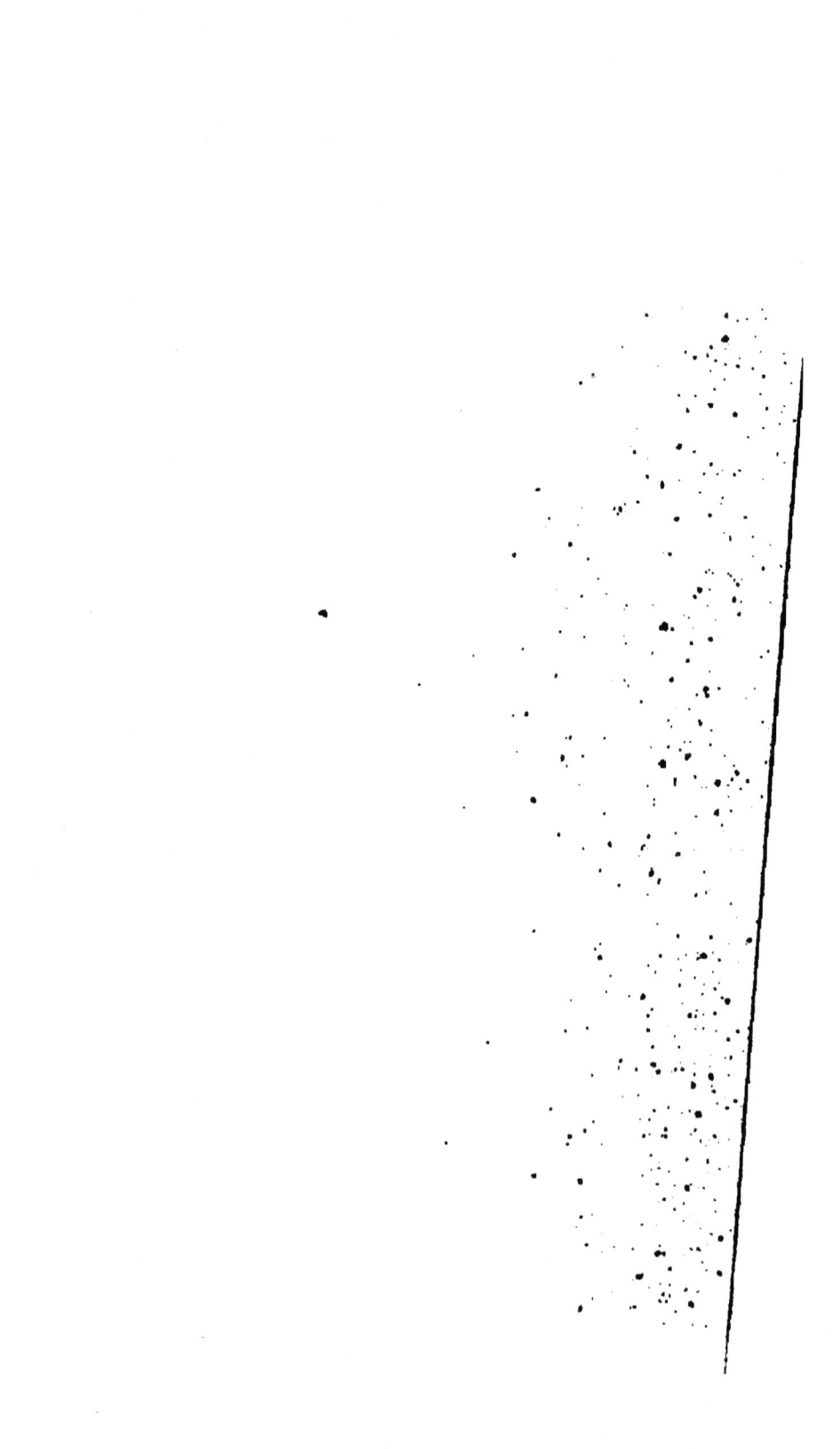

DE NEGERHUT

VAN

OOM TOM.

DRAMA IN ACHT BEDRIJVEN

VAN

DUMANOIR en DENNERY,

NAAR HET FRANSCH

DOOR

CORNELISSEN EN BEEMS.

'S GRAVENHAGE, 1854.
A. J. VAN TETROODE.
MUSEUM WILLEM TWEE.

Prijs 50 Cents.

DE NEGERHUT
van
OOM TOM.

DRAMA IN ACHT BEDRIJVEN

van

DUMANOIR en DENNERY,

NAAR HET FRANSCH

DOOR

CORNELISSEN EN BEEMS.

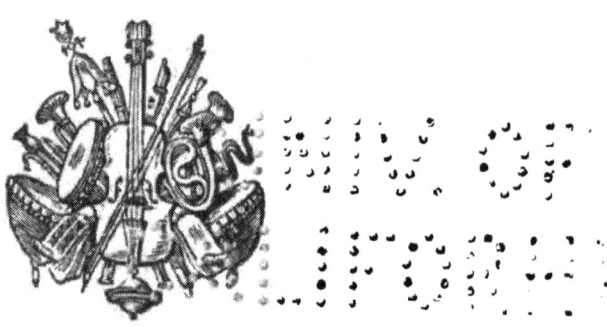

'S GRAVENHAGE, 1854.
A. J. VAN TETROODE.
MUSEUM WILLEM TWEE.

Prijs 50 Cents.

Personen.	**Tooneelspelers.**
BIRD, Senator...........................	HH. RUFFA.
HARRIS, rijke Grondbezitter. Mulat	P. VAN DER GRIJP.
HALEY, Slavenhandelaar.............	BEEMS.
SHELBY, Inwoner van Kentucky..	TOORS.
SAINT-CLAIR, Inwoner van Nieuw-Orleans...........................	KNIJP.
EDUARD, Neef van *Harris*.........	VAN KORLAAR.
GEORGES, Neger van *Harris*......	BREEDEE.
TOM, Neger van *Shelby*.............	J. VAN DER GRIJP.
BENGALI, Jonge Neger................	HAMMECHER.
PHILEMON, Neger......................	DENIS.
EEN AFSLAGER..........................	VERWOERT.
EEN INSPECTEUR bij de Verkoopingen...........................	PRONK.
TOMKINS...................................	APEKER.
MATTHEWS................................	
EEN UITROEPER........................	
QUIMBO (Gebroeders)................	
JENKINS....................................	
EEN SCHUITENVOERDER..........	
EEN NEGER................................	
ELISA, Kleurlinge in dienst van Mevrouw *Shelby*.....................	Mev. VALOIS.
HENRI, haar Zoon 4 à 5 jaar...	De jonge H. VERWOERT.
DOLLY, Dochter van *Saint-Clair*.	Mej. J. CRUIJS.
MEVROUW BIRD.........................	Mev. STOOPENDAAL.
CHLOE, Negerin, Vrouw van *Tom*.	MOOR.
EENE OUDE MULATTIN..............	KNIJP.
EEN JONG MEISJE.....................	Mej. DE LOUW.

Bedienden van beide kunne. Negers, Negerinnen, Kooplieden, Geregtsdienaars enz.

Het Stuk speelt in de Vereenigde Staten van Noord-Amerika.

EERSTE BEDRIJF.
BIJ DEN HEER SHELBY.

Breede gewelfde deur op den achtergrond, uitziende op een bloemperk. Zijdeuren. Regts, bij het eerste scherm, eene kleine ronde tafel, links eene sopha (tête à tête).

Eerste Tooneel.
SHELBY. SAINT-CLAIR.

SHELBY, *hoed en karwats aan een' jongen neger gevende.* Breng de paarden op stal, wij hebben enkel maar de werkplaats nog te bezoeken. *Tot Saint-Clair.* Athans, mijn waarde *Saint-Clair*, wanneer onze lange wandeling u niet vermoeid heeft!

SAINT-CLAIR. Vermoeid? Zeg veeleer met bewondering vervuld, verrukt! Een stedeling als ik, gewoon aan de naauwe straten van Nieuw-Orleans, kan zich niet verzadigen aan het bewonderen uwer bekoorlijke en vruchtbare valleijen. Op mijn woord, mijn waarde *Shelby*, ondanks mijn weinigen smaak voor de algemeen gevestigde opiniën, breng ik hulde aan de volksspreuk, welke, aan den Staat van Kentucky, den bijnaam van het Aardsche Paradijs heeft gegeven.

SHELBY, *glimlagchend.* Nu! Voor een twijfelaar als gij, is dit waarlijk eene belangrijke bekentenis. *Met belangstelling.* Maar Miss *Dolly* uwe dochter?

SAINT-CLAIR, *zittende, links.* Zij zal spoedig van de vermoeijenissen onzer morgenwandeling uitgerust zijn. Buitendien, het paardrijden is heilzaam voor hare gezondheid. Deze reis heeft haar reeds veel goed gedaan. Waarlijk, toen ik, zoo straks, hare schitterende oogen, hare blozende wangen en hare gulle vrolijkheid zag, geraakte ik in verzoeking mijn klein Hôtel te Nieuw-Orleans vaarwel te zeggen en een klein hoekje in uw paradijs te koopen,... *Lagchende.* Om er kool te planten.

SHELBY. Daarvoor behoede u de Hemel!.. Indien gij ten minste wilt, dat Miss *Dolly Saint-Clair* de rijkste erfgename van de Vereenigde Staten blijve!

SAINT-CLAIR. Hoe?

SHELBY. Als gij dezen vruchtbaren grond, die zoo welig hare vruchten biedt, aanschouwt, zegt gij zeker tot u zelven, »gelukkig en rijk zijn zij, welke dien grond bebouwen!" Welnu, mijn arme Vriend, door een betreurenswaardig contrast, zijn er, in geheel Kentucky, geen tien bezittingen, welke het monster, Hypotheek genaamd, niet reeds verslonden heeft. Er zijn geen tien dier grondeigenaren, welke niet voor eene schuld van vier of vijf duizend Dollars, zouden kunnen gevangen genomen, gekerkerd, onteerd worden.

SAINT-CLAIR, *opstaande.* Zou het mogelijk zijn?

SHELBY, *hem de hand drukkende.* Het is maar al te waar!

SAINT-CLAIR, *hem aanziende.* Hoe,... allen?

SHELBY, *glimlagchende.* O neen, niet allen, gelukkig niet allen.

Tweede Tooneel.

DEZELFDEN. DOLLY. HENRI.

DOLLY, *toeloopende en Henri bij de hand houdende.*

Papa, Papa! *Tegen Henri.* Maar kom dan toch! Wees niet bang: hij is niet boos! Kom! Papa, zie toch eens, welk een lief kind!

SAINT-CLAIR. Goed zoo! *Dolly* heeft speelgoed gevonden.

DOLLY. En allerliefst! Als gij eens wist: hij danst, hij zingt, hij begaat duizend guiterijen en hij vertelt ons dingen, om zich dood te lagchen!

SAINT-CLAIR. Toch?

SHELBY. O, de kleine schelm is er wel in staat toe!

DOLLY. Kom, nu zult gij ook uwe belooning hebben. *Zij gaat zitten, links, en houdt Henri vóór haar, aan wien zij eenige versnaperingen geeft.*

SAINT-CLAIR, *Henri beschouwende.* Waarlijk, oogen vol geest, en, de drommel haal' mij, hij permitteert zich, bijna zoo blank te zijn als gij en ik! *Tot Shelby.* Wie is dan zijne moeder?

SHELBY. De kamenier van Mevrouw *Shelby*, eene kleurlinge, *Elisa* genaamd!

SAINT-CLAIR. Die gij gekocht hebt?

SHELBY. Neen, zij is geboren bij de familie van mijne vrouw, met wie zij, om zoo te zeggen, is opgevoed en die zij nimmer verlaten heeft.

DOLLY, *altijd zittende en met Henri bezig.* En welk eene lieve vrouw! Sedert onze aankomst bij u, Mijnheer *Shelby*, doet zij alles om mij aangenaam te zijn. *Tot Henri.* Nu, lieve *Henri*, gij zeidet...

SHELBY, *tot Saint-Clair.* Zijne schoone oogen, zijne lieftalligheid en zijn blank vel, waarover gij u zoo ergert, heeft de kleine guit van zijne moeder, zijne kracht en levendigheid heeft hij van zijnen vader.

SAINT-CLAIR. Een uwer slaven?

SHELBY. Ongelukkig neen! *Georges* behoort aan

een' mijner buren, die hem mij verhuurd heeft, Mijnheer *Harris*.

SAINT-CLAIR. *Harris? Richard Harris?*

SHELBY. Dezelfde!

SAINT-CLAIR. Maar die *Harris* is zelf een kleurling: de zoon van eene Mulattin uit Boston, die zeer in de mode was en die hem fortuin heeft nagelaten.

SHELBY. Juist: een geboren slaaf, wilde hij ook, op zijne beurt, slaven hebben: hij wilde aan zijn gelijken de slagen teruggeven, die hij misschien nimmer ontvangen heeft.

SAINT-CLAIR, *lagchende*. Dat is zeer natuurlijk: als het schaap eenmaal herder wordt, wee dan de arme kudde. En die *Georges?*...

SHELBY. Is een uitmuntende jongen, die door zijn meester werd mishandeld, en, die, om zich te wreken, al zijn verstand, al de buitengewone talenten, die hij enkel aan de Natuur verschuldigd is, ter mijner beschikking stelt. Zoudt gij wel willen gelooven, dat hij, zonder eenige studie, zonder het minste begrip van Werktuigkunde, eene machine om hennep te braken, heeft uitgevonden, welke een' dubbelen opbrengst geeft en drie vierden van het werk bespaart?

DOLLY, *die, sints eenige oogenblikken, toegeluisterd heeft*. Waarlijk, Mijnheer *Shelby?* De vader van *Henri?*

SAINT-CLAIR, *lagchende*.. Verwondert u dat zoo? De Neger is op zich zelven reeds eene machine, welke zich gaarne werk bespaart.

DOLLY. O Papa, zeg dat niet in zijn bijzijn! *Tot Henri*. Gij moet worden zoo als uw vader,... hoort gij, dan zal men u achten en u liefhebben. *Zij neemt hem op hare knieën en omhelst hem.*

SHELBY, *levendig.* Hoe, Mejufvrouw?
DOLLY. Welnu?
SHELBY. Gij neemt hem op uwe knieën,... gij kust dat...?
DOLLY. Dat lieve kleine kind! Nu ja!
SHELBY. Hij is zeer aardig: ik houd ook veel van hem; maar...
SAINT-CLAIR, *lagchende.* O, mijn beste *Shelby*, breng, in tegenwoordigheid mijner dochter, de kwestie omtrent de rassen en kleuren niet op het tapijt! Ik waarschuw u: *Dolly* is eene Negervriendin, eene Afschafster.
DOLLY, *opstaande.* Ik weet niet wat die holklinkende woorden beteekenen, Papa! Dit alleen weet ik: ik bemin de lieve kleine kinderen als *Henri*, de gevoelvolle moeders als *Elisa* en de brave lieden als die *Georges*, waarvan gij spreekt: ik bemin hen, die ons getrouw en aan ons verknocht zijn; ik beklaag hen die lijden en ik verfoei de *Harris*! Ziedaar mijne geheele Politiek ten opzigte der slavernij. *Zij omhelst haren vader.*
SAINT-CLAIR. Dierbaar kind!
SHELBY. Zij is juist als Mevrouw *Shelby*, mijne echtgenoote, die onze slaven als eene tweede uitgebreide familie beschouwt, en, geloof ik, ons liever geruïneerd zou zien, dan er een enkele van te verkoopen. *Elisa bemerkende, die den achtergrond overgaat en angstig iets schijnt te zoeken.* Ah! Daar is, bij voorbeeld, juist hare waarde *Elisa*!

Derde Tooneel.

DEZELFDEN. ELISA.

ELISA, *op haar zoon toeijlende.* Ha!
SHELBY, *lagchende.* Wel, mijn Hemel, wat deert

u toch, *Elisa?* Men zou zeggen, dat gij eene leeuwin waart, die men haar jong had ontroofd!

DOLLY. Verontrust u niet, goede *Elisa:* het lieve kind was bij mij.

SAINT-CLAIR, *tot Shelby, en Elisa beschouwende.* Gij hebt gelijk... eene schoone *type*, die minder aan het Afrikaansche bloed dan aan het geslacht der schoone dochteren van Judea, ten tijde van *Abraham*, doet denken.

SHELBY. En wat wilt gij, *Elisa?*

ELISA. Ik kwam u zeggen, Meester, dat Mijnheer *Harris* en Mijnheer *Eduard*, zijn neef, gekomen zijn.

SHELBY, *angstig, ter zijde. Harris!* Zou hij gekomen zijn, om.....

DOLLY, *ter zijde. Harris*,... dat slechte mensch? *Luid en levendig.* Papa, wij moeten de werkplaats nog bezigtigen, geloof ik!

SAINT-CLAIR, *glimlagchende.* Ik begrijp u! *Tot Shelby.* Ga, mijne waarde, ga die Heeren te gemoet, terwijl ga ik met *Dolly* eens naar de werkplaats.

SHELBY. Gij permitteert?...

DOLLY. Ja, ja, ga spoedig eer zij hier komen! Tot wederziens, *Elisa!*

SAINT-CLAIR, *tot zijne dochter.* Kom, kom mede, groote philosoof! *Hij vertrekt met haar, links. Shelby vertrekt regts.*

Vierde Tooneel.

ELISA. HENRI. Vervolgens GEORGES.

ELISA, *zitten gaande en haren zoon omhelzende, dien zij voor haar houdt.* Gij moet mij nooit weder zoo lang verlaten, *Henri!*

HENRI. Waarom niet, Moeder? Ik was bij die jonge dame, die zoo goed is.

ELISA. O ja, zij is zeer goed, maar ik weet zelve niet waarom,.... maar ik moet u altijd bij mij zien, dierbaar kind. *Georges komt op, en blijft achter haar staan.* Weet gij dan niet, mijn *Henri*, dat ik in u ook uwen vader zie, die zoo zelden bij ons is?

GEORGES. Waarde *Elisa!*

ELISA. *Georges!*

GEORGES, *treurig*. Ja, gij hebt gelijk, beschouw uw kind wèl, arme vrouw, beschouw uwe moeder wel, arm kind! Beschouwt allen, die gij bemint, om u hunne trekken wel te kunnen herinneren, wanneer de meester u zal verkocht hebben!

ELISA, *opstaande*. O, *Georges*, welk eene verschrikkelijke taal? Gij hadt mij zoo beloofd, niet meer die treurige gedachten te koesteren, die het hart verbrijzelen, maar die ongegrond zijn: dit weet gij... en... dat alles zegt gij mij, zonder zelfs eens uwen zoon gekust te hebben, die daar bijna weenend, voor u staat!...

GEORGES, *hem kussende*. Mijn *Henri!*.... *Het kind loopt naar den achtergrond en gaat spelen.*

ELISA, *hem naoogende en op den schouder van Georges geleund*. Zie toch eens, hoe hij iederen dag grooter wordt, hoe sterk, hoe schoon hij is!

GEORGES. Te sterk, te schoon,... dat kan onheil aanbrengen!

ELISA. Hoor, *Georges*, gij zijt een ondankbare, ja, een ondankbare, dien geen glimlach overblijft bij de vrouw die u bemint en het kind dat God u geschonken heeft! Zie, zijn wij niet gelukkig, gelukkiger dan al onze lotgenooten, gelukkiger dan menige blanke zelf? *Uw* Meester...

GEORGES. O, die *Harris! Hij gaat zitten, regts, en leunt op de tafel.*

ELISA, *vervolgende.* Uw Meester, ik weet het, is ruw en wreed. Een Mulat, even als wij, vroeger een slaaf, even als wij,... schroomt hij thans niet, het bloed te doen vloeijen, dat het bloed zijner moeder is! Gij hebt mij ook gezegd, dat hij jaloersch was op zijn slaaf, die... minder onwetend is dan hij,... en dat hij u haat, met al de kracht zijner gekrenkte hoogmoed, maar sedert den dag, dat hij aan mijnheer *Shelby* uwen arm, uwe kundigheden heeft verhuurd...

GEORGES, *bitter glimlagchende.* Verhuurd!

ELISA. Van dien dag af, zijt gij aan zijne dwinglandij ontsnapt, — van dien dag af, is een ander leven voor u aangebroken. Mijnheer *Shelby* heeft u altijd met goedheid, met zachtheid behandeld. Gelooft gij, dat hij er ooit aan zal denken eene huurovereenkomst te verbreken, die zoo voordeelig voor hem is, en een dienaar, als gij, weg te zenden? En ik, ben ik de slavin, de dienstmaagd van Mevrouw? Neen, ik ben hare vertrouwde, hare gezellin, bijna hare vriendin: ons kind wordt eveneens behandeld als de kinderen des huizes. Gisteren nog, nam Mijnheer *Shelby* hem op zijne knie. Hem, onzen zoon, liefkoosde hij, en mijn hart dankte hem, en met tranen in de oogen, bad de slavin God voor haren meester!

GEORGES, *verteederd.* Ja, hij, hij is een goed meester.... even als zoo vele anderen. Maar ééns zal hij sterven, die goede meester!.... *Opstaande.* En men zal de kleine kinderen, die hij op zijne knie nam, naar de slavenmarkt zenden!

ELISA. *Georges!.... Georges!....*

GEORGES, *zich opwindende.* Ja, ten ware het kind,

minder lafhartig dan zijn vader, dien dag niet afwachte, maar liever, voor eeuwig, dat land der slavernij ontvlugte....

ELISA. Wat zegt gij, *Georges?* Zoudt gij voornemens zijn? Wilt gij....

GEORGES, *gerucht hoorende.* Zwijg!

Vijfde Tooneel.
DEZELFDEN. SHELBY. HARRIS. EDUARD.

HARRIS, *tot Shelby.* Ongetwijfeld, Mijnheer, ik begrijp uwe verlegenheid; maar... *Shelby valt hem in de rede en wijst hem Georges en Elisa.*

GEORGES. Hij, hier?...

ELISA, *zacht. Georges,* wees bedaard! Ik smeek u!

HARRIS, *zacht, tegen Shelby.* Wees onbezorgd!... *Georges herkennende.* Ah! zijt gij het?

GEORGES, *met moeite.* Ja, Mijnheer!

HARRIS. Welnu, Mijnheer *Shelby*, zijt gij altijd over de diensten van dien man tevreden?

SHELBY. Het strekt mij tot geluk, Mijnheer, dat ik hem, in uwe tegenwoordigheid, mijne tevredenheid, ja zelfs, mijnen dank kan betuigen.

HARRIS, *valschachtig.* Zoo, *Georges*, niets minder dan dat?

SHELBY. Ja, waarlijk, Gij bezit in hem een' waren schat, Mijnheer! *Zachter en hem ter zijde nemende.* Een schat van kracht, van vernuft, en, wanneer het niet iemand van zijne klasse gold, zou ik er welligt bijvoegen, een schat van genie!

HARRIS. Toch? Waarachtig? Heb ik een slaaf die een genie is? Dat is grappig, niet waar, *Eduard?*

EDUARD. Het is ten minste zeldzaam, Oom!

SHELBY. Mevrouw *Shelby* heeft dan ook, voor dit goed en deugdzaam meisje, geen waardiger echtgenoot kunnen vinden dan *Georges....*

HARRIS, *verwonderd.* Van wie spreekt gij?

SHELBY. Van *Elisa*, die daar staat, de Kamenier mijner vrouw.

HARRIS, *Elisa naderende en haar lang aanziende. Vervolgens, ter zijde.* Hemel, wat is zij schoon! *Tot Shelby.* Maar, vergeef mij, gij zeidet.... ik zal mogelijk niet goed verstaan hebben? *Georges,...* mijn slaaf is *gehuwd!* Wist *gij* dat, *Eduard?*

EDUARD. O ja, Oom!

HARRIS. En sints wanneer?

EDUARD. Zie, hun kind is vier jaar. *Hij wijst op Henri.*

HARRIS, *de oogen op Elisa gevestigd houdende.* Eene vrouw! Een kind! Maar van dat alles wist *ik* niets. Niet het minste! O, maar dat is zeer natuurlijk,... den Eigenaar, den Meester,.. het is een pligt om dien te bedriegen, om dien te bestelen!

GEORGES. Mijnheer!

ELISA, *hem tegenhoudende. Georges*, ik bid u!

GEORGES *zich inhoudende.* En wanneer heb ik u dan bestolen, Mijnheer?

HARRIS. Dat weet gij waarschijnlijk beter dan ik. Ha! gehuwd! En met dat schoone meisje! — Ho, ho, daar zullen wij wel order op stellen.

ELISA. Hemel!

SHELBY. Hoe!

HARRIS. Het komt mij zeer natuurlijk voor, mijn beste Heer, dat *mijn* slaaf eene vrouw neemt, bij *mij* en niet bij *u*. — Aan *mij* behooren, naar ik meen, de... voortbrengsels!

SHELBY. O, Mijnheer!

HARRIS, *Elisa naderende.* Welnu, wat deert u schoon kind? Tranen, snikken? *Haar meer naderende.* O, wees gerust, als die schoone oogen weder gedroogd zullen zijn, zal hun glans de minnaars tot zich trekken, als de leeuwerikken, ik,... ik, beloof u reeds een minnaar. *Hij streelt haar met de hand over den rug.*

GEORGES, *de hand van Harris terugstootende, welke deze op den hals zijner vrouw had gelegd.* Mijnheer *Harris!*

HARRIS, *woedend.* Ik geloof, waarachtig, dat hij de hand aan zijnen Meester heeft durven slaan!

EDUARD. Die onbeschaamde!

ELISA, *geknield.* Genade, mijnheer, vergiffenis!

HARRIS. Ha, schelm,.... ik zal u kastijden!

SHELBY. Mijnheer, Mijnheer, ziet gij de tranen van deze vrouw, de ontsteltenis van dit kind niet?

HARRIS, *ironiesch groetende.* Hartelijk dank voor uwen raad, waarde buurman! Gij doet mij daar juist denken... *Eenige papieren uit den zak halende...* dat het niet enkel lessen zijn, welke ik hier kwam zoeken.

SHELBY, *zacht.* Gij herinnert mij dikmaals, dat ik uw schuldenaar ben, Mijnheer!

HARRIS. Dat komt, dat gij het altijd vergeet, Mijnheer! *Shelby wil hem antwoorden.* Pardonneer, een oogenblik! Goede rekeningen maken goede vrienden, en, om te beginnen, zult gij het wel niet kwalijk nemen, dat onze huurovereenkomst, van heden af, verbroken is. Als men een slaaf heeft van genie, dat is uw eigen woord, dan wil men er gaarne zelf het voordeel van trekken.... ik neem dien man terug.

GEORGE. Ik, moet ik bij u terugkeeren?

ELISA, *zich aan hem vastklemmende.* Neen, neen, gij zult mij niet meer verlaten!

SHELBY. Dat zal toch uw laatste woord niet zijn, Mijnheer. *Georges* is mij nuttig, nuttiger dan hij aan u wezen kan,... en al moest ik den huurprijs verdubbelen...

HARRIS. Verdubbelen! Het komt mij voor, Mijnheer, dat het beter ware. in plaats van de kosten uwer inrigting te vermeerderen, om....

SHELBY, *zacht.* Genoeg!

HARRIS, *vervolgende.* Om uwe schulden te betalen.....

SHELBY. Genoeg, Mijnheer, morgen zal ik u de vier duizend Dollars brengen, die ik u schuldig ben.

HARRIS. Als dat zoo is....

SHELBY, *ter zijde.* O, het moet! ik wil het! al moest ik...! *Zich eensklaps iets herinnerende. Haley is in deze landstreken en... binnen een uur.*

HARRIS. Heb ik hier verder niets te verrigten.

SHELBY. Morgen, Mijnheer, zal ik u mijne schuld voldoen. *Ter zijde.* En morgen, zult gij mij rekenschap geven van uwe onbeschaamdheid. *Luid.* Tot morgen, Mijnheer! *Hij vertrekt, regts af.*

HARRIS. *Eduard*, doe *Georges* dadelijk terugkeeren! Tot morgen! *Ter zijde en de oogen op Elisa geslagen. Eerst hij, dan zij. Hij vertrekt door de deur op den achtergrond.*

Zesde Tooneel.

GEORGES. ELISA. HENRI. EDUARD.

EDUARD, *op den achtergrond, tot Georges.* Neem afscheid van die vrouw en volg mij! *Georges blijft onbewegelijk.* Volg mij!

ELISA. Hij zal u gehoorzamen, Mijnheer! Hij eerbiedigt u, want gij zijt zoo goed. *Georges heeft het mij gezegd!*

EDUARD, *stuursch.* Zult gij mij volgen?

GEORGES, *ironiesch.* Goed? ja, voorheen: misschien toen Mijnheer *Eduard* pas van *New-York* kwam. Maar dat kan bij Mijnheer *Harris* niet lang duren. Mijnheer *Harris* wil kweekelingen hebben naar zijn evenbeeld; hij moet handlangers hebben..... even als de..... *Hij wil het woord: Beul uitspreken.*

EDUARD, *zijne zweep tegen Georges opheffende.* Ellendige!

DOLLY, *toeschietende en een gil gevende.* Ah!

Zevende Tooneel.
DEZELFDEN. DOLLY. EDUARD.

EDUARD, *zich omkeerende.* Wat! wat is er? *Dolly gewaarwordende.* O! verschooning, Mejufvrouw; ik zag u niet: in uwe tegenwoordigheid zou ik mij niet veroorloofd hebben. *Ter zijde.* Welk een schoon meisje!

DOLLY, *zeer ontroerd.* Ik dacht,.., ik dacht mijn vader hier te vinden.

EDUARD. Mijnheer *Saint-Clair*, waarschijnlijk? *Ter zijde.* De dochter van *Saint-Clair*? *Tot Georges.* Ga heen, verwijder u! Niet *ik*, maar de opzigter zal u dezen avond honderd zweepslagen geven!

ELISA *werpt zich in de armen van haren echtgenoot en Henri klemt zich verschrikt, aan hem vast.*

DOLLY. Ah! *Zij wankelt en stort op een stoel neder.*

EDUARD. Zoudt gij het kunnen gelooven, Mejufvrouw, dat die man de stoutheid had! *Haar ziende wankelen.* Mijn God, wat deert u?

DOLLY, *hem door een teeken van zich verwijderende.* Niets, Mijnheer, niets!

EDUARD. O ja, toch wel, gij zijt ontsteld!

DOLLY. Ik heb u gehoord, ik heb u gezien, Mijnheer!

EDUARD. Hoe! is het *dat?*....

DOLLY, *opstaande.* Zie, Mijnheer, zie dat arme kind, dat zich beangst aan zijnen vader klemt: Want het is zijn vader, Mijnheer! Hebt gij dan nimmer tot u zelven gezegd: »Indien ik eens, even als hij, de zoon van een slaaf ware geboren... indien ik eens had moeten zien, dat die... die opzigter mijne moeder sloeg!"

EDUARD, *met eene zachte stem.* Mijne moeder! mijne moeder! *Het hoofd buigende.* Neen, Mejufvrouw, neen, die smartelijke gedachte is nimmer bij mij opgekomen. Die gedachte kon alleen geboren worden, in dat zoo zuivere hart,.. moest slechts worden uitgedrukt door deze zoo zachte, zoo teedere stem. *Meer in gedachten.* Mijne moeder!.. *Hij breekt zijne zweep en werpt de stukken van zich af. Georges,* ik vergeef u!

GEORGES. *Elisa! Henri! Gereed om zich voor de voeten van Dolly te werpen.* Ah!

EDUARD, *stil, tegen Dolly.* Mejufvrouw, ik zweer u, dat ik mijn geheele leven geen slaaf zal slaan. Nooit!

DOLLY, *hem de hand reikende.* O, ik dank u!

Achtste Tooneel.

DEZELFDEN. SHELBY. SAINT-CLAIR,
door de deur op den achtergrond, opkomende.

SHELBY, *tot Saint-Clair.* Hoe, nu reeds?... Schenk ons nog een' dag.

SAINT-CLAIR. Onmogelijk, mijn waarde *Shelby.* En ik sta er op nog voor den nacht te vertrekken, om *Dolly*...

SHELBY. Nu, dan wil ik niet verder aandringen.

EDUARD, *met belangstelling.* Vertrekt gij, Mijnheer? Verlaat gij deze landstreek?

SAINT-CLAIR. Nog heden, Mijnheer!

EDUARD, *ter zijde.* Ik zal haar dan niet wederzien!

SAINT-CLAIR. Kom, *Dolly*, groet onzen vriend, deze brave lieden, en laat ons afscheid van Mevrouw *Shelby* gaan nemen!

DOLLY, *na Shelby de hand te hebben gereikt.* Vaarwel, *Elisa!* Vaarwel, *Georges!* Vaarwel mijne vrienden,... of neen, ik wil liever, dat gij mij tot aan het einde der groote laan vergezelt. *Vrolijk.* Ik zal *Henri* mede in het rijtuig nemen: hij zal ons vermaken.

SAINT-CLAIR, *lagchende.* Waarlijk *Dolly*, ik herken u niet meer. Gij, die vroeger in de oogenblikken van scheiding nimmer tranen genoeg hadt, zijt heden zoo vrolijk, zoo opgeruimd!...

DOLLY, *ongemerkt, Elisa en Georges de handen drukkende, en vervolgens Eduard aanziende.* Ik heb er mijne redenen voor. Kom, gaan wij!

EEN BEDIENDE, *aandienende.* Mijnheer *Haley!*

SHELBY, *ter zijde.* Eindelijk! *Luid.* Laat hij wachten... ik zal u vergezellen.

SAINT-CLAIR. Volstrekt niet, mijn waarde:... de zaken gaan voor alles! *Hij reikt hem de hand.*

DOLLY, *gereed te vertrekken en zich bij Eduard bevindende.* Vaarwel, Mijnheer!

EDUARD. Vaarwel, Mejufvrouw! *Stil. En haar de stukken der gebrokene zweep toonende.* Nooit!! *Allen vertrekken, uitgezonderd Shelby.*

Negende Tooneel.

SHELBY. Vervolgens HALEY.

SHELBY. Eindelijk is *Haley* hier! Morgen, heb ik aan dien *Harris* gezegd. Ja, morgen moet alles tusschen ons beide vereffend zijn. Hij moet niet langer het regt hebben, mij te beleedigen.

HALEY *opkomende en zich op de sopha, links, werpende.* Kan men binnenkomen?

SHELBY. Ah, zijt gij het *Haley?*

HALEY, *zittende.* En wat kan ik voor u doen, mijn eerbiedwaardige Mijnheer *Shelby?*

SHELBY, *haastig.* Hoor, *Haley!* Ik zal zonder omwegen met u spreken. Het is hier geen eigenaar, die, bedaard, met een slavenhandelaar over den prijs der koopwaar onderhandelt; neen, het is hier een man in de ziel gekrenkt, in het hart gewond, en die reikhalst zich te wreken. *Haley,* ik moet heden, nog op dezen dag, op dit oogenblik, vier duizend Dollars hebben.

HALEY. Hebt gij die volstrekt noodig?

SHELBY. Ik moet ze hebben, zeg ik u!

HALEY, *ter zijde.* Dat zal u dan ook wat kosten! *Luid.* Nu, die zijn wel te vinden, mijn beste Heer!

SHELBY. Nu dan is het eene gedane zaak. Kies zelf uit de Negers in mijne werkplaatsen, neem ze, laat ons teekenen en betaal mij!

HALEY. Opperbest! *Opstaande.* Dat noem ik vlug met de zaken omspringen: er zijn soms anderen, die mij een' schat van tijd doen verliezen, met wien men wel een flesch rum kan leêgdrinken, eer men het over den koop van een' kleinen Negerjongen eens is.

SHELBY. O, vergeef mij; ik vergat! Hola! Is daar niemand? *Benjamin, Elisa,* brengt rum! *Tot Haley die aan de tafel, regts, is gaan zitten.* Welnu?

HALEY. Gij zegt alzoo: vier duizend Dollars.

SHELBY, *tegenover hem gaande zitten.* En in ruil daarvoor, twee, drie Negers, naar uwe keuze: is dat zoo afgesproken?

HALEY. Twee, drie Negers, misschien wel vier, als ik er wat sterk blijf op aandringen. Welnu!

Neen, gij zult eens zien welk een goede drommel van een vent ik ben. Maar, daar hebt gij reeds twee duizend Dollars, de helft van de som. *Hij legt twee bankbiljetten op de tafel.* En nu vraag ik u maar één enkelen Neger.

SHELBY, *verwonderd.* Een enkelen?

HALEY, *driftig.* Dien ik zal uitkiezen. Dat verwondert u, hee? Maar, dat is mijn systema. De Neger, ziet ge, is eene koopwaar, die veel plaats wegneemt, die kostbaar en lastig te vervoeren is en daarom prefereer ik de kwaliteit boven de kwantiteit; voor het overige heb ik er reeds een dozijn in deze streek gekocht en ik heb geene plaats meer in mijne wagens.

SHELBY. Een enkele, zegt gij, en welke?

HALEY. *Tom!*

SHELBY. *Tom?*

HALEY. Welnu?

SHELBY. Waar denkt gij aan, *Haley? Tom* is de beste, de kostbaarste van alle mijne slaven. Verstandig, eerlijk, gehecht aan zijne meesters, in 't kort, een van die zeldzame voorwerpen, welke men niet kan remplaceren.

HALEY. Maar, voor den drommel, als hij alle die eigenschappen niet bezat, zou ik er u dan twee duizend Dollars voor bieden?

SHELBY. *Tom* verkoopen? Maar *Tom* maakt, om zoo te zeggen, een gedeelte van mijn gezin uit: hij behoort bijna tot de familie, hij heeft mij en mijne kinderen zien geboren worden; mijn vader achtte hem hoog. Neen, deze herinnering alleen, bepaalt mijn besluit. Nimmer zou mijn vader *Tom* verkocht hebben: ik zal hem niet verkoopen.

HALEY, *de bankbilletten opnemende en ze langzaam toevouwende.* Nu, in dat geval.....

SHELBY. Zou ik er zonder siddering aan kunnen denken, dat die brave *Tom*, die hier zoo gelukkig is, welligt in de handen van een' wreeden Meester was gevallen, die hem mishandelde en sloeg?

HALEY, *levendig*. Houdt *dat* alleen U terug? Hadt ge mij dat maar dadelijk gezegd? Ach, Mijnheer *Shelby*, hoe weinig kent gij mij nog? Die arme Negers slaan! Maar, dat is de grootste domheid van de wereld, mijn beste Mijnheer, dat zeg ik aan al mijn konfraters, de Slavenhandelaars: »gij bederft, gij beschadigt de koopwaar en naderhand moet gij ze met verlies verkoopen!" Wie heeft in zijn magazijn zulke sterke en wel geconditionneerde Negers als ik? Niemand! Waarom? Omdat ik ze troetel, omdat ik ze conserveer, omdat... *enfin*, omdat ik menschlievend ben, dat is duidelijk!

SHELBY, *na een' inwendigen strijd*. Neen, neen, ik zal *Tom* niet verkoopen. *Hij staat op.*

HALEY, *op een gevoeligen toon*. Die gevoelens doen u eer aan, Mijnheer *Shelby*, en de goede gevolgen ziet ge, die treffen mij... hier!... *De hand op zijn hart leggende, haalt hij een derde bankbillet uit den zak, dat hij op de twee eersten legt.* Drie duizend Dollars en de koop is gesloten.

SHELBY. Drie duizend! *Ter zijde*. O *Harris! Harris! Luid en met drift*. Maar het zijn niet drie duizend Dollars, die ik u vraag, Mijnheer, het is eene som van vier duizend Dollars, die ik aan dien man moet betalen, om het regt te hebben, hem rekenschap van zijne onbeschaamdheid te vragen.

HALEY. Ja, ja, ja, vier duizend, dat is overeengekomen; maar, in dat geval, is *Tom* niet voldoende, wat geeft ge mij bij *Tom*?

SHELBY. Wien gij wilt, 't is mij onverschillig,

al moest ik... *Ophoudende.* Ah, eindelijk brengt men de rum.

Tiende Tooneel.

De VORIGEN. ELISA. HENRI.

Elisa draagt eene flesch op een blad en Henri volgt haar, een ander blad dragende, waarop twee kleine glaasjes.

SHELBY. Zet dat alles op de tafel, *Elisa!*

HALEY, *lagchende, op het zien van Henri.* Kijk, kijk, dat is een kleine *Ganimedes*, die al vroeg begint, ha, ha, ha!

SHELBY. Waarlijk? Hoe, 't is *Henri.*

ELISA. o, Reknor mij niet, Mijnheer! Hij vroeg mij om dat blad te mogen dragen, en ik dacht er geen kwaad mede te doen.

SHELBY. Wel neen, in 't geheel niet! *Henri* heeft zich met eene verwonderlijke deftigheid van zijne taak gekweten. *Hij tikt Henri op de wangen.*

ELISA, *ter zijde.* Goede Meester!

SHELBY. Hij is vol geest!

HALEY. Toch? Kom eens bij mij, Mijnheer *Henri*, zijt gij bang voor mij?

HENRI, *onbeschroomd.* Neen Mijnheer!

HALEY, *hem nabootsende.* Neen, Mijnheer! Duivels, wij zijn dapper!

ELISA, *vrolijk.* O, aan moed ontbreekt het hem niet. *Henri* zal zoo moedig, als schoon worden!

SHELBY. Geef ons sigaren!

HALEY, *tot Elisa, die sigaren gaat krijgen.* Ik maak u mijn compliment. Het is een mooi stuk werk dat ge daar geleverd hebt!

ELISA, *vrolijk.* Ik dank u, Mijnheer!

HALEY, *tot Shelby.* Hoe oud is hij, zegt ge?

SHELBY. Naauwelijks vijf jaar.

HALEY, *opstaande en de oogen op Henri geslagen.* Vijf jaar? De laatste kleine dien ik verkocht heb...

ELISA, *zich plotseling omkeerende.* Verkocht!

HALEY. Was zeven jaren en scheen minder sterk dan hij.

ELISA, *ontsteld.* 't Is een menschenhandelaar. *Zij snelt naar haar kind, en beschouwt Haley met schrik.*

HALEY, *om Henri heengaande.* 't Is maar waar, dat die kleine guit stevig gebouwd is. *Zijne armen en beenen betastende.* Dat is wel gevormd, dat is krachtvol!

SHELBY, *op een onverschilligen toon.* Ja, hij is zeer sterk!

ELISA, *levendig.* Gij weet, dat hij dikwijls ziek is, Mijnheer!

SHELBY, *lagchende.* Henri?

HENRI. Ik ... moe...?

ELISA. Kom, *Henri*, kom, gij verveelt die heeren. *Zij neemt hem weg.*

HALEY. Duivelsch! een oogenblik! Hij bevalt mij, die kleine snaak.

HENRI, *zijne moeder ontsnappende en naar Haley gaande.* Ik dank u, Mijnheer!

HALEY, *lagchende.* Een vrolijk karakter!

SHELBY. En slim!

ELISA, *smeekende.* Mijnheer!

SHELBY. En vlug dat hij is!

ELISA. Mijnheer!

SHELBY. Zoudt gij wel willen gelooven, *Haley*, dat die kleine jongen...

ELISA, *plotselings, Henri bij de hand vattende.* O, Mevrouw roept mij! Mevrouw roept mij! *Zij vertrekt schielijk en neemt Henri mede.*

Elfde Tooneel.
SHELBY, HALEY

HALEY, *die hen gevolgd is, gaat snel weder aan de tafel zitten.* Mijnheer Shelby, geef mij dat kind en daar zijn de vier duizend dollars!

SHELBY. Wat, *Henri* aan u verkoopen en wat zoudt gij aan hem hebben?

HALEY. Dat is mijne zaak: het zijn van die fantaisie-artikeltjes, die nog wel te plaatsen zijn: voor *Grooms*, kleine *Jockeys*, of zoo iets.

SHELBY. Maar zijne moeder?

HALEY. Zijne moeder? Och die arme vrouw! Geef haar eene zijden japon, dat zal haar wel troosten.

SHELBY. Maar mijne vrouw is zoo aan hem gehecht... Zij zal het nimmer toestaan.

HALEY, *eensklaps opstaande en zijn horologie uithalende.* Nu, best!

SHELBY. Wat is het?

HALEY. Het is het uur van het vertrek der boot. Ik ben genoodzaakt u te verlaten. Adieu, adieu!

SHELBY, *hem volgende.* Maar Mijnheer?

HALEY, *op den achtergrond.* Over acht dagen kom ik hier weder terug, en dan zullen wij onze zaken verder afhandelen. Gegroet!

SHELBY, *met drift.* Maar het is morgen, Mijnheer, morgen dat ik betalen moet; mijne eer is er mede gemoeid!

HALEY. Nu, teeken dan spoedig! *Naar de tafel gaande.* Wacht, gij hebt niets dan het cijfer en de namen in te vullen.

SHELBY, *terwijl hij schrijft.* O, ongelukkigen, ongelukkigen...

HALEY. Dat is gedaan; teeken nu spoedig! best!

Ziedaar uwe vier duizend Dollars, en nu!... *Op nieuw zijn horologie uithalende.* Daar heb ik precies de boot gemankeerd.

SHELBY, *met smart. Tom* en *Henri!! Snel, af.*
HALEY, *alleen, zich de handen wrijvende.* En laat ik nu bezit van mijne koopwaar gaan nemen! *Hij vertrekt door de deur op den achtergrond.*

Twaalfde Tooneel.

ELISA. HENRI.

ELISA. *De deur, ter linkerzijde, wordt opengestoten, en Elisa komt op, bleek, bevende en zich naauwlijks kunnende staande houden. Zij doet pogingen tot spreken en barst eindelijk uit.* Hij heeft mijn kind verkocht! Hij heeft het kind verkocht zonder zijne moeder! *Hare snikken onderdrukkende.* Neen, neen, dat zal niet zijn! *Roepende, naar alle zijden.* Henri, Henri, waar is hij dan? God! Zouden zij hem reeds aan mij ontrukt hebben? *Henri! Eene schreeuw gevende.* Ah, daar is hij! *Zy loopt op het kind toe, dat op den achtergrond verschijnt, en drukt het aan hare borst.*

HENRI, *verschrikt.* Moeder, Moeder, wat deert u? Gij maakt mij bang!

ELISA, *hem de handen op den mond leggende.* Zwijg, zwijg, laten zij u niet hooren! Zij zijn daar!

HENRI. Wie dan, Moeder?

ELISA, *geknield, haar kind omvathoudende en weenende.* Zij hebben hem verkocht! En niets kan dien afschuwelijken koop verbreken! Noch de gedachten aan de smarten, aan de wanhoop der moeder, noch zijne eigene zwakheid! Verkocht! Opdat een wreede meester hem ver van hier zal voeren!

Als waanzinnig. Hoe? ik zou hem niet meer zien! Is dat mogelijk! Zoudt gij zonder mij kunnen leven? Neen, neen, hij zou sterven, zonder mijne zorgen, zonder mijne kussen, zonder mijne liefkozingen! Gij zoudt sterven, niet waar, mijn kind?

HENRI. Moeder, moeder, waarom spreekt gij zoo zonderling tegen mij?

ELISA. Waarom? Begrijpt gij het, *Henri*, begrijpt gij het, mijn arme kleine, zij willen dat gij mij verlaat, dat ik u nimmer wederzie, nimmer, nimmer!

HENRI, *de armen om haar hals slaande.* Dat wil ik niet, Moeder lief, dat wil ik niet. Ik ben immers niet stout geweest, houd mij bij u, Moelief, houd mij bij u!

ELISA. Ja, ja, ik zal u behouden! Ik zal niet toeven tot zij u komen wegvoeren! Wacht, wacht! *Zij vertrekt links.*

HENRI, *bevende en haar willende volgen.* Moeder, ga niet heen! Kom terug: ik ben zoo bang!

ELISA, *terugkomende, met een stroohoed, en een klein kleedingstuk, dat zij Henri al sprekende, aantrekt.* Kom spoedig, spoedig! Wij gaan vertrekken. *Henri*, wij gaan heen! O, ik weet niet hoe! Maar ik zal u in mijne armen dragen, ik zal gaan, altijd voort, altijd voort, tot ik een land zal vinden, waar men mij vrij moge veroordeelen, om zonder verpoozing te arbeiden, ... waar men mij vrij, door vermoeijenissen, door slagen, door martelingen, moge verpletten, maar waar men mij voor 't minst zal vergeven dat ik moeder ben, waar men mij mijn kind niet zal ontrukken!

HENRI. Moeder!

ELISA. Laat ons gaan! *Zij neemt hem op, en gereed te vertrekken, ziet zij, eene laatste maal, in het rond.* Vaarwel, huis, waar ik geboren ben. *Op de knieën vallende, naar de deur, links, gekeerd.* Vaarwel, goede Meesteres! O, denk niet, dat ik ondankbaar ben, omdat ik u verlaat. Gij zijt *ook* moeder, Mevrouw, en Gij weet wel, dat eene moeder haar kind niet kan laten verkoopen.

HENRI, *zich, verschrikt, in hare armen werpende.* Verkoopen.... Wie....? mij?

ELISA, *snikkend.* Ja, arm kind! zij hebben u verkocht. *Zich opheffende en hem in haren arm klemmende.* Maar zij zullen u niet hebben. Neen! Want God en uwe moeder waken over u. *Zij vlugt met hem weg.*

EINDE VAN HET EERSTE BEDRIJF.

TWEEDE BEDRIJF.
DE HUT VAN TOM.

Eene deur op den achtergrond, een weinig regts af. Eene deur ter linkerzijde. Regts eene kleine tafel. Een oud meubel op den achtergrond.

Eerste Tooneel.

TOM. CHLOE. PHILEMON. Vervolgens eenige Negers en Negerinnen.

Tom zit bij de tafel ter regterzijde. Philemon zit ter linkerzijde op den grond en is bezig katoen te pluizen. Chloe komt op door de deur links.

TOM, *zittende.* Is alles in order in de hut, Vrouw?

CHLOE, *opkomende.* Alles, Man.

TOM. En de kinderen?

CHLOE. Zij slapen: het gebed is gedaan.

TOM, *opstaande.* Goed... wij moeten hen gewennen den Hemel te danken voor het geluk dat Hij ons geschonken heeft. De Meester is dezen morgen hier geweest, hij heeft mij de hand gedrukt en tot mij gezegd: »*Tom*, ik ben over u voldaan."

CHLOE. Zeker zal hij u eenmaal uwe vrijheid schenken, Man!

TOM. En dan zou ik zorgen hebben voor de toekomst; vrees voor gebrek of ziekten van mijn gezin. Indien men mijn verstand had ontwikkeld toen ik jong was, indien men mij alles had geleerd wat men moet weten om zijne kinderen op te voeden, dan zou ik zeggen: » maak mij vrij!" Maar ik ben slechts eene eenvoudige machine, op zijn hoogst in staat mijn dagelijksch brood te verdienen. Gezegend zij de Meester die voor mijne kinderen doet hetgeen ik niet in staat zou wezen zelf te doen!

CHLOE. Gij hebt misschien gelijk, *Tom!*

TOM, *naar den achtergrond gaande*. Kom, onze vrienden en buren zullen wel zoo aanstonds hier zijn, voor onze gewone avondbijeenkomst. *Philemon, gij* hebt uwe taak niet afgewerkt: uwe mand katoen is nog niet vol!...

PHILEMON. Ik vol maken, straks; ik wachten kleine kameraad, die altijd helpt mij heel graag die helpt mij altijd heel graag.

CHLOE. Ja, de kleine *Bengali*.

PHILEMON. Hij, heel behulpzaam, erg.

TOM. Ja: hij wil volstrekt uw werk verrigten, omdat gij hem slaat als hij het *niet* doet. Het is slecht, zeer slecht, misbruik te maken van zijne kracht: het is slecht de hand tegen zijnen naaste op te heffen.

PHILEMON, *verlegen*. Ah! ik niet wist dat,... Vader *Tom*, ik zweeren doe, nooit op te heffen de handen tegen *Bengali*.

TOM, *naar den achtergrond gaande.* Nooit?
PHILEMON. Nooit opheffen de hand. *Ter zijde.* Ik hem altijd schoppen geven met de voet!
TOM, *eenige papieren ziende, welke op het meubel liggen.* He, *Chloe*, wat zijn dat voor papieren, die niet weggeborgen zijn?
CHLOE. Het is uwe pas, *Tom.*
TOM, *die opnemende.* Mijne pas? Een bewijs van vertrouwen van mijnen Meester! Hiermede kan ik, ongehinderd, door de geheele landstreek gaan. Ik kan er mij voor zijne zaken zelfs buiten Kentucky mede begeven! Berg dat papier weg, Vrouw! Deze of gene ontevredene Neger mogt er zich meester van maken om te kunnen ontvlugten.
CHLOE. Geef hier, Man! Ah, daar zijn onze vrienden! *De Negers en Negerinnen komen op.*
TOM. Goeden avond, kinderen, goeden avond!
ALLEN. Goeden avond, Vader *Tom!*
DE VROUWEN. Goeden avond, Moeder *Chloe!*
CHLOE. Neemt plaats!
Een Neger brengt een armstoel voor Tom. De Negers en Negerinnen scharen zich om hem, sommigen staande, leunende op zijn armstoel, anderen zittende op de tafel of op den grond.
TOM, *den Bijbel openende.* Luistert kinderen, luistert, wat dit dierbare Boek zegt. *Lezende.* Komt herwaarts tot mij, allen die vermoeid en belast zijt, en ik zal u ruste geven!......
PHILEMON. Dat is makkelijk te zeggen voor u! U gelukkig is, vader *Tom.* Gij goeden meester hebt, gij alle dagen eten kunt, heel veel.... gij dik en vet wordt.... gij heel erg gelukkig zijt.
CHLOE. Alle blanken zijn niet zoo als Mijnheer *Shelby.*
TOM. 't Is waar. Mijnheer *Shelby* is voor *Chloe*

en mij, toegevend en goed: hij schenkt mij zijn gansche vertrouwen, mijne kinderen groeijen gelukkig op, en worden in zijn huis verzorgd, alsof het zijne eigene waren, maar ook de slaaf, aan wien de Hemel geene goede Meesters gegeven heeft, kan troost in eene betere toekomst vinden, en de Heilige Schrift gebiedt hem onderwerping en geduld.....

Tweede Tooneel.

DE VORIGEN. GEORGES.

GEORGES, *die op den achtergrond de laatste woorden van Tom gehoord heeft.* Geduld, onderwerping? Er zijn rampen grooter dan 'het menschelijk geduld. Er zijn smarten die de onderwerping dooden!

ALLEN. *Georges!*

TOM. Over welke ramp beklaagt gij u, mijn vriend?

GEORGES. 't Is waar, welke ramp zou ik te betreuren hebben? Heeft God mij niet eene jonge en schoone vrouw gegeven? Heeft Hij mij niet een kind gegeven, waarop de fierste Blanke trotsch zoude zijn? O, vrienden, mijne vrouw;... ik wenschte haar nimmer gekend te hebben,... mijn zoon, mijn teeder geliefd kind,... ik wenschte dat hij nooit het levenslicht aanschouwd had! En ik,... O Heer! vergeef mij, zoo ik laster,... ik,... ik wenschte dood te zijn!...

ALLEN. Dood!

TOM. Maar wat is u dan gebeurd?

GEORGES. Zoo straks, laadde ik steenen op eene kar. Een der kinderen van... hem... mijnen Meester,... sloeg wreedaardig het arme paard; ik nam hem bij den arm, om hem te doen ophouden en hij ging aan Mijnheer *Harris* zeggen, dat ik hem geslagen had. Mijnheer *Harris* kwam woedend op mij af, deed mij aan een' boom binden, gaf aan het kind eene zweep in de hand en zeide hem, dat hij mij kon kastijden, zoo lang hij verkoos.

TOM. En het kind heeft u geslagen?

GEORGES. Ja, hij heeft mij gezweept; maar dat zegt weinig. Gij kent dien armen hond, dien mijne vrouw mij gegeven heeft... hij was een vriend, eene troost voor mij. Welnu, terwijl de Meester en het kind mij geeselden, begon hij te huilen; hij kroop naar mij toe, en likte mij de handen, als wilde hij zeggen: »houd moed, mijn vriend!" Toen werd mijn Meester woedend op het arme dier en daar hij zich niet van mij wilde verwijderen, gebood mijnheer *Harris* mij, hem op te nemen, hem een' steen om den hals te doen en in den stroom te werpen.

ALLEN. O!

CHLOE! Dat hebt gij toch niet gedaan, *Georges?*

GEORGES. Neen! maar daarvoor hebben zij mij op nieuw geslagen en toen hebben zij zelven hem gedood! Ik zag hoe zij het arme verdrinkende dier, nog met steenen smeten, terwijl het mij altijd, altijd bleef aanzien, als wilde het tot mij zeggen: »*Ik* heb u willen helpen en *gij*, gij verlaat mij nu!"..

ALLEN, O, dat is verschrikkelijk!

GEORGES, Maar ik heb u nog niet alles verhaald. Zoo straks, heeft mijn meester mij gezegd, dat hij niet wilde dat een zijner slaven buiten zijne plantagie getrouwd was, en hij heeft mij gelast eene andere vrouw te nemen dan *Elisa*,.. er bijvoegende, dat, wanneer ik weigerde, hij mij zou verkoopen, in eene der verst afgelegen Staten. — Welnu *Tom*, zult gij nu nog tot mij zeggen: »Wees geduldig en onderworpen?"

TOM. Ofschoon de menschen ons ook mogten verlaten, de Eeuwigheid blijft ons over!

GEORGES, *zacht, Chloe en Tom ter zijde nemende, welke laatste, aan de Negers een teeken geeft zich te verwijderen.* Ik gevoel dat mijn moed uitgeput is! Ik gevoel dat die man, die in kracht en verstand ver beneden mij is, mij niet langer straffeloos zal mishandelen, ik gevoel, ik gevoel dat ik hem zou dooden, en ik ben besloten te vertrekken.

TOM. Vertrekken, vertrekken... gij wilt...

GEORGES, *zacht.* Ik wil mij niet met eene misdaad bezoedelen. Binnen een uur zal ik op weg zijn. Ik ga naar Canada, ik zal arbeiden, ik zal geld genoeg verzamelen om mijne vrouw en mijn kind vrij te koopen. Zij zijn ten minste bij goede Meesters, die hen altijd menschlievend behandeld hebben en die niet zullen weigeren ons te hereenigen, als ik in staat zal wezen hun het losgeld aan te bieden.

TOM. En wat verlangt gij dan van mij, *Georges?* Waarom zijt gij hier gekomen!

GEORGES. Alvorens mij te verwijderen voor langen tijd, voor altijd misschien,.. *Hij wischt een traan af,* wenschte ik haar en hem eene laatste maal te omhelzen.

TOM. Ik begrijp u.

GEORGES. Mijne tegenwoordigheid op dit uur zou de honden op de plantagie doen aanslaan.

TOM. Mij kennen ze... kom... ik zal u door de eerste omheining brengen en dan... dan moge de Hemel over u waken, *Georges!*

GEORGES. Dank, dank!

TOM, *naar den achtergrond gaande.* Het is reeds laat, mijne vrienden, goeden nacht!

ALLEN. Goeden nacht!

TOM, *na de Negers te hebben doen vertrekken, tot Georges terugkeerende.* Kom. *Zij vertrekken door de deur op den achtergrond, Chloe vertrekt door de deur links.*

Derde Tooneel.

PHILEMON. Vervolgens BENGALI.

Philemon is op een stoel bij de tafel in slaap gevallen en snorkt hard. Bengali komt op door de deur op den achtergrond.

BENGALI. Kijk! Kijk! Kijk! Bijeenkomst uit! alles weg. Oho, *Philemon!* Kamaraad van mij, goede kamaraad, die altijd ranselt mij! *Hij heel hard snorken doet: Levendig.* Ik hem een harde mep geven! Ja, ja, ik hem een ferme mep geven, zonder wakker maken,... dat heel best. *Hij geeft Philemon een oorveeg.*

PHILEMON, *opstaande.* O!...

BENGALI. O, hij wakker geworden is: ik niet slim geweest!

PHILEMON, *zich de wang voelende.* Wie heef daar geslagen mij?

BENGALI, *op een vleijenden toon.* Dag, Master *Philemon!*

PHILEMON. Wie heef geslagen de wang van mij?

BENGALI. Hoe vaart Master *Philemon?*

PHILEMON. O, jij gegeven klap aan mij!

BENGALI. Och, Master *Philemon* gedroomd heeft van klap... vast...

PHILEMON, *zijne linkerwang toonende,* ik voel warme wang...

BENGALI, *de regterwang van Philemon voelende.* Neen, hij niks warm is, niks, niks, niks! jij gedroomd heef van klap. *Hij keert hem den rug toe. Philemon geeft hem een schop.* Oh!

PHILEMON. Jij gedroomd heb van schop.
BENGALI. Gedroomd? Neen, jij mij schop!
PHILEMON. Niks, niks, niks! *Philemon* gezworen gedaan heeft aan de oude *Tom* om niet op te heffen de hand tegen kleine kamaraad *Bengali*.
BENGALI, *verheugd*. Toch? Jij hebt gezworen gedaan?
PHILEMON. Om nooit op te heffen de hand.
BENGALI, *hem tartende*. Dan *Bengali* niet meer werk doed van jou. *Bengali* jou uitlacht. Ha, Ha, Ha!
PHILEMON, *hem bij het oor trekkende*. Master *Bengali!*
BENGALI. Master *Philemon?*
PHILEMON. Jij een beste jongen bent.
BENGALI. Ja, ja, ja!
PHILEMON. Jij een goed vriend bent!
BENGALI. Ja, ja, ja!
PHILEMON. Dan jij die katoen uitpluizen voor vriend *Philemon!*
BENGALI. Neen, neen, neen! Jij gezworen gedaan, niet meer de hand opteheffen tegen mij!
PHILEMON! Ja, maar niet gezworen gedaan, om opteheffen de voet. *Hij geeft hem een schop.*
BENGALI. O!
PHILEMON. *Master Bengali*, gij werken wilt voor goede vriend, *Philemon?*
BENGALI. Ja, ja, ja! *Hij gaat zitten bij de mand en begint katoen te pluizen.* O, ik veel gelukkiger bij Meesteres... Zij mij nooit werken laat.
PHILEMON, *bij hem gaande zitten*. Nooit?
BENGALI. Neen... meesteres heel goed voor *Bengali*, omdat ik gered het leven van Cocambo.
PHILEMON: Cocambo. Wie is Cocambo?
BENGALI. Cocambo, kleine aap van meesteres. Hij verkoude geworden: ik hem geef drankje, voet-

bad, alles alles, — verfrissend en als meesteres dood gaat, zij belooft vrijheid en veel geld aan mij.

PHILEMON. Veel geld?

BENGALI. Als meesteres dood gaat. En ik heel blijd, om dat zij erg ziek is. *Zingende.* Goede meesteres gaat nu gaauw dood. Goede meesteres gaat nu gaauw dood. *Zij zingen en dansen te zamen.*

Vierde Tooneel.

DEZELFDEN. CHLOE, vervolgens ELISA, HENRI, daarna TOM.

CHLOE, *opkomende van de linkerzijde.* Welnu, wat doet gij daar? Kom gaat heen, gaat heen!

BENGALI en PHILEMON, *zacht zingende.* Goede meesteres gaat nu gaauw dood, enz. *Zij vertrekken en nemen de mand met katoen mede.*

CHLOE. Ik hoor iemand komen! Wie kan dat zijn? 't Is zeker *Tom*, die te huis komt. *Naar de deur op den achtergrond gaande.* Neen, hij is het niet, het is eene vrouw.

ELISA *komt op, met haar kind in de armen.* O, goede moeder *Chloe*, verberg hem, verberg hem!

CHLOE. *Henri nemende. Elisa!* wat deert u? gij hebt geweend!

ELISA. Ik ben verloren!

CHLOE, *het kind in de kamer, links, brengende en spoedig terugkeerende.* Verhaal mij uw verdriet, arme *Elisa!*

TOM, *door de deur op den achtergrond opkomende.* Haar verdriet! Ook zij? *Voorwaarts tredende.* Wat is er gebeurd? Waarom zijt gij hier op dit uur?

ELISA, *op een stoel neder zijgende.* Mijne vrienden, ik verlaat deze woning, dit land! ik ontvlugt met mijn schat, mijn leven, mijn kind! Mijn kind, dat zij willen verkoopen.

CHLOE. Goede God!
TOM. Verkoopen! *Henri?* Wie heeft dat gedaan, spreek!
ELISA. De meester!
TOM. Mijnheer *Shelby!* Hij? Heeft hij hem verkocht? Neen dat is onmogelijk!
ELISA. Ik heb alles gehoord. Ik weet dat de Slavenhandelaar hem het geld gegeven heeft, dat hij noodig had om een' onverbiddelijken schuldeischer te voldoen. Ik weet, dat hij zonder dezen verschrikkelijken handel, genoodzaakt was zijne gansche plantage te verkoopen.
TOM. De plantage verkoopen? Geruineerd! Verloren!
ELISA. Ja, hij moet zich van twee zijner slaven ontdoen, of anders zal men ze allen verkoopen.
TOM. En... de twee, die hij daartoe bestemd heeft...
ELISA. Hij heeft ze niet uitgekozen; maar die man, die koopman. De eene is mijn kleine *Henri* en de andere...
TOM. De andere?
ELISA, *opstaande*. De andere,... de andere, zijt gij, *Tom!*
TOM, *Chloe in zijne armen sluitende*. Ik, ik? Voor het minste met *Chloe!* Met mijne kinderen,... niet waar?
ELISA, *weenende*. Men heeft u alléén verkocht, zonder uwe vrouw, en zonder uwe kinderen.... even als men mijn *Henri* heeft verkocht, zonder zijn vader en zonder mij!...
TOM, *bij de tafel nederstortende*. O! op alle beproevingen was ik voorbereid,... maar deze,... deze! *Hij weent. Chloe schijnt zich eensklaps iets te herinneren, en gaat naar het meubel, dat op den achtergrond staat.*

ELISA, *naar Tom gaande en zijne handen vattende.* Ik ben hier gekomen om u te waarschuwen en dan dacht ik, mogelijk, *Georges* hier te zullen vinden, met onze vrienden, zoo als iederen avond.

TOM, *opstaande, zich dwingende kalm te schijnen.* Ik heb hem naar het huis van Mijnheer *Shelby* gebragt: hij wilde u zien, u spreken; maar als hij u daar niet vindt, zal hij zeker hier terugkomen.

ELISA. Ik zal hem wachten; maar dat hij zich haaste om met mij te vertrekken! *Zij gaat naar den achtergrond zien, vervolgens in de kamer, waar men Henri verborgen heeft.*

CHLOE, *in de laden van het meubelstuk zoekende.* Waar is ze dan, waar kan ik ze gelegd hebben?

TOM. Wat zoekt gij?

CHLOE. Wat ik zoek? De pas welke onze Meester u gegeven heeft en waarmede gij altijd ongehinderd kunt reizen. Ah, daar is ze. *Zij geeft de pas aan Tom.* Daar, gij zult te zamen vertrekken.

TOM. Ik vertrek niet.

CHLOE. Zult gij dan wachten tot men u wegvoert, daar ginds naar de andere zijde der rivier, waar men de Negers, door ontbeeringen en harden arbeid, doodt?

TOM. Ik vertrek niet!

CHLOE. *Tom,* gij hebt het dan niet gehoord, zij zullen u van hier rukken?

TOM. Mijn Meester heeft mij altijd op mijnen post gevonden; hij zal mij er ook nu vinden; ik heb nimmer zijn vertrouwen misbruikt, ik heb mij nimmer van deze pas tegen zijne bedoeling bediend, ik zal er heden geen begin mede maken, ik moet verkocht worden of men zal ons allen verkoopen? Is het dan niet beter, dat ik alleen voor het welzijn van allen worde opgeofferd? Onze Meester zal voor u en voor onze arme kinderen zorgen. Ik ben slechts een slaaf, maar ik heb ook mijn eergevoel.

ELISA, *naar hem toegaande.* Zult gij mij dan veroordeelen omdat ik vertrek?

TOM. Neen, ga, *Elisa:* het is uw pligt; uw kind is te jong en te zwak om uwe zorgen te kunnen ontbeeren. Voer hem weg,.. maar de mijnen hebben hunne moeder: zij kunnen buiten mij.

CHLOE, *op den achtergrond.* Er komt iemand.

ELISA. Waarschijnlijk *Georges.*

CHLOE, *naar buiten ziende.* Neen! het is de Meester.

TOM. Mijnheer *Shelby?*

ELISA. Hij, o! laat hij mij niet zien! ik was verloren!

CHLOE. Kom!... Kom!... *Zij brengt haar schielijk in de kamer links, waar zij haar volgt.*

Vijfde Tooneel.
TOM. SHELBY.

TOM. Hij wil mij voor het laatst vaarwel zeggen. Dat is goed van Hem.

SHELBY, *door de deur op den achtergrond opkomende. Tom,* zijt gij alleen?

TOM. Ja, Meester.

SHELBY. Ik... ik... ik... kom u zeggen:.. *Tom,* ik... kom u verwittigen...

TOM. Waarom aarzelt gij, Meester? Hebt gij mij niet altijd bereid gevonden, mij aan al uwe bevelen te onderwerpen?

SHELBY. O, ik heb geen kracht meer te spreken. Ach, ik had mij liever mijn' ondergang moeten getroosten.

TOM. Neen, Meester, gij hebt wel gedaan, mij te verkoopen.

SHELBY. Hoe, gij wist?

TOM. Ik wist dat gij voor eene harde noodzakelijkheid moest bukken.

SHELBY. Gij wist het, en de gedachte om te ontvlugten is zelfs niet bij u opgekomen?

TOM, *hem de pas toonende*. Daar, meester.

SHELBY. Wat is dat?

TOM. Het is de pas, die gij mij gegeven hebt, waarmede ik het gansche land vrij kan doorreizen. Gij hebt mij die toevertrouwd, Meester, gij ziet dus wel, dat ik niet vertrekken kon.

SHELBY. O, ik zweer het, eenmaal zal ik u terugkoopen, *Tom!*

TOM. Heb dank voor dat troostende woord! Ik verlaat mij er op, Meester! Het zal mij troosten in mijne ballingschap. Ik beveel u hen niet aan, die ik achterlaat:.. dat ware eene beleediging aan uw hart.

SHELBY. Uwe kinderen zullen voortaan de mijne zijn.

TOM, *met eene door tranen gesmoorde stem*. Mijne kinderen! mijne kinderen!... *Zich herstellende*. Ik heb u iets te zeggen, Meester!

SHELBY. Ik luister.

Zesde Tooneel.
DEZELFDEN, HALEY, HARRIS.

HARRIS. Ah... daar is hij.

HALEY. Met mijn koopje: men had mij niet bedrogen.

SHELBY. *Haley!* Mijnheer *Harris!*

HARRIS. Ik verneem, Mijnheer, welke moeite gij u geeft, om mij te voldoen, dat is zeer braaf... en waarlijk, als ik op het oogenblik zelf niet zeer om geld verlegen was, zou ik u uitstel gegeven hebben...

TOM. De meester vraagt geen gunst, Mijnheer *Harris!*

HALEY. Hoho, mijn koopje voert een hoogen toon. Wij zullen het dadelijk in bezit nemen. *Naar de deur op den achtergrond gaande.* Hola! koomt hier! *Twee Negers brengen eene keten.*

TOM. Eene keten?

SHELBY. Eene keten? *Tegen Haley.* Mijnheer, ik zweer u dat die voorzorg onnoodig is!

HALEY. Dat is uit loutere menschlievendheid, Mijnheer *Shelby.* 't Is opdat hij mij niet zal noodzaken hem te mishandelen, als hij het soms in het hoofd mogt krijgen te vlugten. Komt, maakt voort. *De twee Negers doen de keten om de voeten van Tom.*

CHLOE, *opkomende met een pakje.* Daar zijn uwe kleederen, uw linnen, *Tom. De keten ziende en zich in de armen van haren man werpende.* O, arme *Tom!*

TOM. Vaarwel, mijne arme *Chloe!* 't Is voor de laatste maal. *Haar omhelzende.* Neem deze kus voor hen... voor onze kinderen: kom, ween niet meer; luister, mijne goede *Chloe,* de meester heeft gezworen mij terug te koopen,... gij weet, hij houdt altijd woord!... Vaarwel *Chloe...*

CHLOE, *weenende.* Vaarwel *Tom!*

TOM, *zich naar Shelby keerende. Onderwijl is Haley, ter linkerzijde, gaan zitten en maakt eenige aanteekeningen in zijne Portefeuille.* Meester, ik laat u al de mijnen met vertrouwen achter... Slechts ééne smart neem ik mede: het is de bekendheid dat een ongeluk uw huis getroffen heeft... Misschien heb ik uwe belangen slecht behartigd... Wees zorgvuldiger en gestrenger dan uw *Tom* was! Moge uwe fortuin zich herstellen en wanneer ik, eenmaal, in deze woning moge terugkeeren, in deze woning, waar ik zoo gelukkig was en die ik zoo bemind heb, dat ik dan uw huis, het onze, Meester, rijk en geëerd wedervinde!

SHELBY, *hevig aangedaan.* O, Mijnheer *Haley*, laat hem mij, geef mij twee jaren tijd, en ik zal u het dubbel zijner waarde betalen!

HALEY. Mijnheer, ik zou verrukt wezen, u genoegen te doen; maar zie, dat is sterk, dat is gespierd, dat is eerlijk! Het is een artikel, daar ik heel veel vraag naar heb... 't is onmogelijk, onmogelijk.

Zevende Tooneel.
DEZELFDEN. GEORGES.

GEORGES, *op den achtergrond komende.* Tom! Chloe! Waar.... *Staan blijvende.* Er zijn vreemden,... de meester!

HARRIS. Wat komt gij hier doen, zeg?

GEORGES. Ik kwam... ik zocht...

TOM, *ter zijde.* Wat zal hij zeggen?

HARRIS. Zult gij eindelijk spreken?

GEORGES. Welnu!

ELISE, *verschijnt aan de deur, links, welke zij ten halve geopend heeft.* Wat zie ik... *George!*

GEORGES, *op den achtergrond.* Ik had zoo veel geleden door uwe beleedigingen, dat ik behoefte gevoelde bij mijne vrouw te weenen! Gij hadt mij met zoo veel smaad overladen, dat ik behoefte had mijn kind te omhelzen.

HARRIS. En gij gingt des nachts uit, zonder mijnen last?...

GEORGES. Gij hebt mij gelast mijn huwelijk te verbreken, mijn gezin te verlaten en mij een nieuw gezin te verschaffen;... moest ik dan niet aan vrouw en kind gaan zeggen » vergeet mij, ik ben niets meer voor u?"

ELISA. O, die laatste slag ontbrak mij nog!

GEORGES, *voorwaarts tredende.* Ik wilde haar aan uw medelijden aanbevelen, Mijnheer *Shelby*, want gij, gij zijt een goede Meester!

SHELBY. Ik? *Ter zijde.* Ik?

GEORGES. Maar, oordeel over mijn schrik, toen ik, in de kamer van *Elisa* komende, er alles in wanorde vond!

SHELBY. Hoe?

GEORGES. Hare kleederen, hare goederen lagen verstrooid, de kleederen van het kind waren verdwenen. Haar bed was ledig en zelfs het gewijde kruis, dat wij boven het wiegje van ons kind hadden geplaatst, was er niet meer. Het was mijn eerste liefdepand, het was als de Talisman van onzen zoon:... het was er niet meer! Er moet een ongeluk gebeurd zijn. *Gedurende deze woorden, heeft Elisa het kleine kruis uit haren boezem gehaald en aan hare lippen gedrukt.*

HALEY, *naar Harris gaande.* Wel, voor den duivel, dat ongeluk kan ik wel raden.

HARRIS. Ik ook. *Hij spreekt zacht met een' slaaf, die vertrekt.*

SHELBY. Zou zij vernomen hebben?

HALEY. Zij heeft ons beluisterd. Zij zal den koop, dien wij sloten, gehoord hebben.

GEORGES. Den koop?

HARRIS. Wel ja! Zij wist dat haar kind verkocht werd,.. en... *Hij maakt zich gereed met Haley weg te snellen.*

GEORGES. Verkocht? Ons kind? Gij hebt het verkocht! Gij! *Met ijzing.* Ha, de arme moeder! Wie weet waar de smart haar heen gevoerd heeft! Ik wil... *Hij wil vertrekken.*

HARRIS, *hem de hand op den schouder leggende.*

Ontvlugten? Zoo als zij waarschijnlijk ontvlugt is! Blijf, ik gebied het u.

GEORGES. Maar, zij is mogelijk dood, of zij zal zich dooden.

HARRIS. Blijf!

TOM, *stil, en Georges bij den arm nemende.* Zie, *Georges*, zie! *Hij toont hem Elisa.*

GEORGES. Ah! *Hij omhelst steelswijze Henri en drukt Elisa de hand, die verdwijnt, hem eene laatste kus toewerpende.*

Achtste Tooneel.

DE VORIGEN. BENGALI. Vervolgens PHILEMON. De Gebroeders QUIMBO met twee honden.

BENGALI, *zeer verheugd opkomende.* Ah! Ik heel prettig, ik gelukkig, ik vrij, vrij, en ik heel rijk.

TOM, Zwijg, vriend, men weent hier.

BENGALI, *zacht.* Ah dan, ik blijd wezen van binnen! *Tot Chloe.* Meesteresse van mij, heel goed, ... zij. op het oogenblik gestorven. En ik rijk, ik gekocht heb *Philemon.*

PHILEMON, *opkomende, op den achtergrond blijvende.* Meester *Harris*, de broers *Quimbo* daar, met de honden.

SHELBY, *en de overigen.* De Gebroeders *Quimbo?*

HARRIS. Dat is juist uwe zaak, *Haley*, de twee beste Negerjagers van het land!

HALEY. Kom aan, best, op de jagt!

HARRIS, *met kracht.* Op de jagt!

Harris, Haley en de Quimbo's snellen naar den achtergrond. Haley neemt Tom mede. Chloe stort op een stoel neder.

EINDE VAN HET TWEEDE BEDRIJF.

DERDE BEDRIJF.
BIJ DE OHIO.

IJsgang op de Rivier. Ter regterzijde, bij het eerste scherm, de ingang van eene hut.

Eerste Tooneel.

HALEY, DE QUIMBO'S, met mantels en van de linkerzijde opkomende.

HALEY. Daar, wat heb ik u gezegd! De Ohio is vol ijsschotsen; dat duurt alreeds verscheidene dagen en de schuit vaart niet meer over. Wij kunnen dus zeker zijn, dat het wild nog niet aan de overzijde is. *Tot de Quimbo's.* Laat ons nu, voordat wij naar *Harris* en de overige jagers terugkeeren, een oogenblik in deze hut uitrusten. *Zij gaan in de hut.*

Tweede Tooneel.

ELISA. Zij draagt Henri op den rug in eene doek. Later EEN SCHIPPER.

ELISA, *van de linkerzijde opkomende, angstig in het rond ziende. Zij sleept zich met moeite voort tot aan de hut en klopt aan.* Open, open in 's hemels naam!

DE SCHIPPER, *openende.* Wie is daar? Hoe, eene vrouw en een kind!

ELISA. Zijt gij de veerschipper, Mijnheer? Ik smeek u, breng mij over de rivier!

SCHIPPER. Over de rivier? Heden? Droomt gij? Gij ziet immers wel dat het onmogelijk is.

ELISA. Onmogelijk? Maar men vervolgt mij, en als men mij achterhaalt, dreigt mij meer dan gevangenstraf, meer dan de dood, men wil mij mijn kind ontrukken.

SCHIPPER. Arme vrouw! *Hij neemt het kind en zet het op den grond.*

ELISA. Ah, gij beklaagt mij. Gij zult dan niet langer aarzelen, gij zult mij redden. Daar ginds, aan de andere zijde van den vloed, ben ik, wel is waar, nog niet vrij, nog niet gered; maar ik ben hen vooruit, ik win tijd, ik schep weder moed.

SCHIPPER. Maar zie toch de geweldige ijsschotsen, door de Ohio sints twee dagen aangevoerd: mijne schuit zou bij den eersten schok verbrijzeld worden.

ELISA. Ach, heb medelijden met mij! *Op Henri wijzende.* Met hem!

SCHIPPER. Maar, ongelukkige moeder, gij vraagt mij u beide over te brengen; gij kondt mij, even goed vragen u beide te vermoorden:..... ik zal het niet doen.

ELISA. Ach mijn God, mijn God!

SCHIPPER. Kom, rust een weinig bij mij uit!

ELISA. Neen!

SCHIPPER. Het kind schijnt uitgeput van vermoeidheid.

HENRI. Moeder, ik heb zulk een honger!

SCHIPPER. Gij hoort het; gij zelve hebt eenig voedsel noodig om uwe krachten te herstellen: kom, kom binnen!

ELISA. Het zij zoo, voor hem; ik, ik verlang niets vóór dat gij gered zijt, mijn *Henri!*

SCHIPPER. Kom dan, kom! *Hij gaat naar binnen, zij wil hem volgen. Men hoort de stem van Haley.*

Derde Tooneel.

DEZELFDEN. HALEY. HARRIS. DE QUIMBO'S.

HALEY, *in de hut.* Hola, Schipper!

ELISA *verschrikt, achteruit tredende.* Hemel! Die

stem! Zij zijn het: *Haley, Quimbo! Laat ons vlugten! Zij wil ter linkerzijde ontvlugten.*

HARRIS, *links, opkomende.* Daar is zij, daar is zij!

ELISA, *het kind in hare armen nemende, en, angstig, om zich heen ziende.* Welnu! Bevrijding of de dood! *Zij springt op eene ijsschots.*

HARRIS *haar nasnellende tot aan den oever.* Wij moeten haar volgen, *Haley! Intusschen springt Elisa op eene tweede schots.*

HALEY. Onmogelijk: de schots is reeds van den oever gedreven.

ELISA, *op de ijsschots.* Moed, mijn kind, moed! *De schots breekt. Henri valt en verdwijnt.* God! *Henri!* Mijn zoon, mijn *Henri*, mijn kind! *Zij bukt om Henri te redden.* Verzwolgen? dood!

HALEY. Donders, dat is verschrikkelijk!

ELISA, *de handen van Henri ontwarende en die vattende.* o Mijn God, daar is hij, daar is hij!

HARRIS. Eene schuit, eene schuit!

ELISA, *op eene derde schots springende, na Henri uit het water te hebben getogen.* Mijn God, mijn God, ik vertrouw u mijn leven en het zijne. *Bij deze woorden is zij, geknield, biddend, nedergezegen op de schots, welke zich, verder op in de rivier, verwijdert.*

EINDE VAN HET DERDE BEDRIJF.

VIERDE BEDRIJF.
BIJ DEN HEER BIRD.

Eene Eetzaal. Op den achtergrond eene glazen deur met witte gordijnen. Deuren regts en links bij het tweede scherm. De deur ter linkerzijde moet naar het Tooneel opengaan. Links, eene kleine tafel. Tusschen deze tafel en den schoorsteen, een groote leuningstoel. Op den schoorsteen staan ontstoken waschkaarsen. Eene Secretaire op den achtergrond, regts.

Eerste Tooneel.

MARIE. Mevrouw BIRD. JENKINS. Vervolgens BIRD.

MARIE, *tot Jenkins, die een blad brengt, waarop een Thee-servies, hetwelk hij op de tafel, ter linkerzijde, bij den schoorsteen, zet.* Kom aan, *Jenkins,* haast u! Mijnheer *Bird* ontdoet zich van zijn reisgewaad en trekt zijne kamer-japon aan. Zet hier, bij het vuur, zijn grooten leuningstoel ... en daar! .. *Na dat Jenkins de stoel heeft geplaatst, zet hij een bord met Sandwichs op de tafel.*

BIRD, *van de regterzij opkomende.* Ha, de thee is gereed! Kom, vrouwtje lief, aan tafel, aan tafel! *Zij zetten zich bij de tafel, Bird in den grooten leuningstoel bij den schoorsteen.*

MARIE, *thee schenkende.* Welnu, mijn Vriend, gaat het nu wat beter? Begint gij van uwe vermoeijenissen te bekomen?

BIRD, *vrolijk.* Ik? Kijk, ik was daar juist bezig aan mij zelven te vragen, wat men in het Paradijs wel meer kon hebben, ... dan een lief vrouwtje, een lekker kopje thee, een goed vuur en eene warme Chamber-cloak. *Mijne* verbeelding strekt niet verder.

MARIE. Toch?

BIRD. Vooral terwijl ik dien ijskouden Noordenwind daar buiten hoor huilen en den regen kletteren. Ik geloof, de drommel hale mij, als men mij kwam zeggen: »Mijnheer *Bird,* uw huis staat in den brand, kom er spoedig uit!" dat ik zou antwoorden:

» Verduiveld, Neen, 't is te slecht weêr;... ik verbrand liever!"

MARIE, *met nadruk*. Men is dan wel gelukkig in zijne woning? Men is er beter, niet waar, dan in de zaal van uw Congres, bij uwe discussiën, uw geschreeuw, uw getwist?

BIRD. Och, spreek er me niet van: ik kreeg er hoofdpijn van. Zoodra ik dan ook een paar dagen verlof had gekregen, ging ik spoedig op reis, ondanks de regen en de koude. Brrrr! Geef mij nog een kopje thee!

MARIE. En... wat heeft men zoo al uitgevoerd, op uw fraai Congres?

BIRD. Och, niet veel bijzonders. Geef mij de Sandwichs, als je blieft!

MARIE, *ernstiger*. Zou het waar zijn? Ik kan het naauwlijks gelooven, dat men eene Wet heeft aangenomen, welke verbiedt aan de ontvlugte slaven bijstand te verleenen en zelfs hun eene schuilplaats en een stuk brood te geven?

BIRD. Ja, zeker!

MARIE. En Gij, Gij hebt zeker ook vóór die Wet gestemd?

BIRD. Wel zeker heb ik dat.

MARIE, *opstaande*. O, dat is verschrikkelijk!

BIRD. Zeg eens, wijfje, sedert wanneer bemoeit Gij u met de Staatkunde?

MARIE. Sints uwe Staatkunde wreed en meêdogenloos geworden is.

BIRD. Ta, ta, ta, ta!

MARIE. Hoe! Wanneer een ongelukkige Neger, afgemat van vermoeienissen, stervende van honger, aan mijne deur klopte, zou ik dan zijne ellende niet mogen verzachten?

BIRD. Neen!

MARIE. Zoudt gij den moed hebben hem af te wijzen?
BIRD. Ja!
MARIE. Ach! *Dat* smart mij het meest, dat die onverzoenlijke ideeën, zelfs bij de beste menschen ingang vinden! Want Gij, zoo goed!
BIRD, *opstaande*. Neen, neen, ik ben niet goed. Zeg dat niet, als je blieft!
MARIE. Gij, die geene slaven hebt.
BIRD. Dat is waar, ik heb ze niet. Ik heb wel zwarte bedienden, maar ik heb geen slaven.... en het zou mij spijten als ik ze had; neen, zoo dom ben ik niet!
MARIE. Welnu dan...
BIRD. Maar anderen hebben ze. Het is een eigendom, dat de Wet erkent. De Wet moet dat eigendom dus ook beschermen en verdedigen.
MARIE, *ironiesch*. Van die moeite zou men zich gemakkelijk kunnen ontslaan.
BIRD. Door ze *allen* vrij te maken, niet waar? Ha, ha, dat zou wat moois wezen.
MARIE. Gij schertst ook altijd.
BIRD. Neen, ik spreek ernst. Ik zeg, en ik zal het tegen al uwe afschaffers staande houden; de Negerslaaf is een kind, wiens geheele leven niets anders is dan eene onafgebrokene minderjarigheid onder de voogdijschap van den Meester. Ik zeg, dat, als gij hem niet tot de vrijheid hebt voorbereid, en daartoe zou mogelijk nog wel eene eeuw vereischt worden, dat hij dan een ellendig gebruik zou maken van eene vrijheid, die hij niet begrijpen kan. Wat drommel, als gij er *vrije* menschen van maken wilt, begin dan eerst met er *menschen* van te maken! Zie, bijvoorbeeld, maar eens die slaven, die, door eene gril van hunnen Meester, of door de eene of andere zottin, zoo als die Mistress *Burnet*, wier Executeur ik ben, zijn vrijgemaakt. Zie ze maar eens!

Tweede Tooneel.

DEZELFDEN. BENGALI. PHILEMON.

BENGALI, *de deur op den achtergrond binnenkomende.* Ik, binnen komen, Master *Bird?*

BIRD. Daar, daar hebt ge er waarachtig al een staaltje van! Ik kon niet beter kiezen. Kom binnen, *Bengali*, kom binnen!

Bengali is naar den smaak gekleed: een witte hoed, met witte das en witte handschoenen. Hij wordt gevolgd door Philemon, die als een Groom gekleed is en een kleinen aap op den arm draagt.

BENGALI. Jij loopen achter mij, slaaf van mij, jij, volgen achter mij, schelm! *Ongemerkt geeft Philemon hem een schop.* O neen; volgen vóór mij, volgen vóór mij en goed zorgen voor *Cocambo. Groetende.* Dag, *Master Bird!* Dienaar, *Mistress Bird! Hij kijkt door zijne lorgnet.*

MARIE, *zich niet kunnende bedwingen.* Ha, ha, ha!

BENGALI, *mede lagchende.* Hi, hi, hi. *Middelerwijl geeft Philemon hem een stomp.* O, o! *Hij houdt op met lagchen.*

BIRD. *hard lagchende.* Ha, ha, ha! Maar zie dan toch, lieve! Opregt gesproken, welk onderscheid is er nu tusschen dit.... *Op Bengali wijzende...* en dat! *Hij wijst op den aap.* Ja toch, er is een onderscheid: de aap is minder dom en spreekt niet!... Geef mij de sleutel van de Sécrétaire, *Marie!*

PHILEMON, *stil, tot Bengali, terwijl Mijnheer en Mevrouw Bird bij de Sécrétaire zijn.* Wat? Jij beleedigen laat een vrij man, lafaard! Jij voelen moet waardigheid van jou eigen, jij voelen moet waardigheid! *Hij schopt hem.*

BENGALI. O, ik voel waardigheid, ik voel.

BIRD, *met eene portefeuille.* Ik weet waarom Gij hier komt, domme vent.

BENGALI. Och, beste *Master Bird*, Meesteres gedaan heeft *couic!* Zij gelaten heeft aan mij Cocambo en twaalf honderd Dollars. Ik gekocht horlogie en ketting, ik ook gekocht *Philemon*, om kloppen de kleêren van mij. Maar *Philemon*, slechte gewoonte. Hij kleêren klopt als meester er in is.

BIRD. Hebt gij een Neger gekocht? Wel, Gij zijt dan een voorstander van de slavernij, *Bengali?*

BENGALI. O, slavernij heel goed, best, als ik ben meester.

BIRD. Gij meester, Gij? Maar als gij zoo voortgaat, zullen uwe twaalf honderd Dollars spoedig gesmolten zijn.

BENGALI. O, ik rekenen kan; ik slim als een aap voor de rekenen. *Met zelfsvoldoening.* Welnu, Master *Bird*, hoeveel Dollars in portefeuille?

BIRD. Twaalf honderd.

BENGALI. Hoeveel maanden een jaar?

BIRD. Twaalf.

BENGALI. Goed, dat maken honderd Dollars in maand. Ik heb twaalf honderd Dollars rente. Hee, ik niet rekenen kan, zeg!

BIRD, *tot Marie.* Daar hebt gij nu den vrijen Neger! *Er wordt gescheld.*

BENGALI, *zich vergetende.* Ik kom, ik kom! *Dadelijk geeft Philemon hem een schop.* O, ik dom: vrije man niet deur opendoet!

MARIE. Wie kan daar zijn op dit uur en bij dit verschrikkelijk weder?

BIRD, *op den achtergrond, roepende.* Hola, *Jenkins*, hoort gij niet?

BENGALI, *lagchende*, Hij bang voor regen, *Jenkins;* maar hij slaaf, hij nat worden, heel goed.

Hij krijgt daarop een' klap van Philemon, achter op het hoofd. Ah, ah! *Ter zijde.* O ik leelijke slaaf heb, leelijke slaaf!

Derde Tooneel.

DEZELFDEN. JENKINS. Vervolgens ELISA en HENRI.

JENKINS, *driftig opkomende.* Ah, Mijnheer, o, die arme vrouw, in welk een toestand!

MARIE. Eene vrouw?

BIRD. Wat? Welke vrouw! wat meent gij?

JENKINS. Zie, Mijnheer, daar komt zij, ondersteund door *Thomas* en *Mammy! Hij wordt gevolgd door Elisa, haar kind half bezwijmd in de armen dragende, terwijl zij ondersteund wordt door twee bedienden. Zij valt op een stoel op den achtergrond.*

BENGALI, *levendig.* O, dat *Elisa*...

PHILEMON, *stil.* St. Niet zeggen!

BENGALI. Hij gelijk hebben.

MARIE. Ach, die ongelukkige, hoe bleek is zij.

BENGALI. En kleeren door nat!

MARIE. Spoedig, in den leuningstoel, bij het vuur!

ELISA, *haar kind aan Marie reikende.* Neen,... hij, hij! Zie, hoe verstijfd van koude hij is. *Naar den schoorsteen wijzende.* Daar, daar! *Marie brengt het kind bij den schoorsteen.*

BIRD, *tot de bedienden, die Marie omringen.* Wat staat gij daar, lomperts, in plaats van warmen wijn, bouillon, iets versterkends te halen! O, die Negers, welk dom volk!

MARIE, *bij het vuur.* Zijne oogen openen zich, hij komt weder bij.

ELISA, *met moeite opstaande.* O, God zegene u!

BIRD. Maar blijft dan toch zitten! Gij ziet

immers wel dat gij geen kracht hebt om... *Met den voet stampende.* Nu, waar blijft dien warmen wijn? *Philemon omver stootende.* Wilt gij u ook eens verroeren, ellendige schurk!

BENGALI. Ik ga, ik ga. *Hij loopt weg.*

HENRI, *bijkomende.* Moeder... waar is zij? *Hij gaat bij zijne moeder.*

BENGALI, *met eene kom.* Daar, warme wijn, drinken gaauw dat!

MARIE. Ja, drink! Thans, daar uw kind begint te herstellen, moet gij aan u zelve denken. *Marie en Bird ondersteunen Elisa en geleiden haar naar den schoorsteen, waar zij zich nederzet, Bengali houdt Henri op zijne knieën bij het vuur.*

BIRD. Maar wat beteekent dat alles toch? Waar komt gij van daan? Hoe bevindt gij u, in dezen verschrikkelijken nacht, op weg, alleen, met uw kind?

ELISA, *met eene zachte stem.* Ik wilde niet bij u aankloppen, Mijnheer, maar toen ik voorbij uw huis ging, bemerkte ik, dat mijn kind, bewegingloos, in mijne armen, lag, dat de koude hem verstijfd had, toen dacht ik, dat hij ging sterven, en ik heb gescheld om hulp te vragen.

BIRD. En gij hebt wel gedaan. Waarom zoudt gij niet aan mijne deur geklopt hebben?

ELISA, *verlegen.* Omdat...

BIRD. Welnu?

ELISA, *het hoofd buigende.* Omdat gij mij geen schuilplaats geven moogt,... omdat... ik wil niet liegen, ik wil ook niet bedriegen, ik ben eene ontvlugtte slavin.

BIRD, *zich van haar verwijderende.* Gij ongelukkige....

MARIE *tot Elisa.* O, wat hebt gij gezegd!

BIRD. Eene gevlugte slavin? Gij zijt van uwen meester weggeloopen! Maar, dat is eene misdaad, dat is een diefstal!

MARIE, *haar voorsprekende.* O, mijn Vriend...

BIRD. Ja, een diefstal,... en als ik het geweten had....

MARIE. Zoudt gij dan uwe deur voor haar gesloten hebben? O neen, ik geloof het niet.

BIRD. Ja, ik zou het gedaan hebben. *Elisa staat met moeite op en gaat naar de deur.* Welnu, wat doet gij?

ELISA. Ik vertrek, Mijnheer, ik vertrek!

BIRD, *stuursch.* Wel, wie zegt u dat gij moet vertrekken? Heb *ik* daarvan gesproken, hee? Vertrekken, op dit oogenblik, met deze doornatte kleederen? *Haar, driftig, naar den leuningstoel terugbrengende.* Ga dan toch bij het vuur zitten, voor den drommel!

BENGALI, *aangedaan.* Ah, heel goed. *Hij vertrekt door de deur op den achtergrond.*

BIRD, *ter zijde.* Ziet, het is wel tegen de Wet wat ik daar doe. *Luid en gestreng.* Want, enfin, gij zijt uwen Meester ontvlugt. Wat deed hij u, mishandelde hij u?

ELISA. Neen, Mijnheer, hij was de beste der menschen.

BIRD. En uwe meesteres,... zijne vrouw?

ELISA. Zij was enkel goedheid voor mij.

BIRD. Zoo, zoo, en zulke meesters verraadt men, besteelt men! Dat is gruwelijk!

MARIE, *met zachtheid.* Maar wáárom....

ELISA. Waarom? *Naar haar toegaande.* Mevrouw, hebt gij ooit het ongeluk gehad een kind te verliezen? *Bird en Marie ontroeren en zien elkander aan.*

MARIE, *bewogen.* Ja, ja, wij hadden het ongeluk....

ELISA. O, dan zult gij mij begrijpen. Ik ben gevlugt omdat men mijn zoon wilde verkoopen.

BIRD, *aangedaan.* Zoo, dat is wat anders, het is duidelijk, dat wanneer.... *Op zachten toon.* En van waar komt gij?

ELISA. Uit Kentucky.

BIRD. Tien mijlen,.. bij dit weêr en deze koude? En hoe zijt Gij de Ohio overgekomen, die met ijsschotsen bedekt is?

ELISA. Ik was aan den oever der rivier gekomen en wachtte tot eene boot die zou oversteken; maar niemand durfde den vloed trotseren, die gansche ijsklompen met zich voerde en ondertusschen hoorde ik in de verte het geblaf der honden. Het waren de menschenjagers, die mij vervolgden. Het geluid kwam al nader en nader. »Daar zijn zij, daar zijn zij," hoorde ik eindelijk uitroepen. Toen, Mijnheer, toen riep ik God aan, ik sprong op eene ijsschots, vervolgens op eene andere. Ik hoorde ze onder mijne voeten kraken,... honderdmaal dacht ik, dat zij zouden breken! en ik in die stroom zou verzwolgen worden. Maar... ik was... Moeder, Mijnheer, ik droeg mijn kind in de armen en de Almagt waakte over ons.

MARIE, *weenende.* Arme moeder, arme moeder! *Naar Bird gaande.* O, gij weent ook, mijn Vriend!

BIRD. Ja, ja, ik geloof dat ik ween. *Ter zijde.* 't Is wel erg tegen de Wet, wat ik daar doe!... *Tot Elisa.* En wat zal er van u worden? Waar wilt Gij heen gaan?

ELISA. Ik wil mij in Canada verbergen. Is dat nog zeer ver?

MARIE. Helaas!

BIRD. Canada, Canada! Gij zult toch geen plan hebben, nog dezen nacht, naar Canada te gaan?

Tot Marie, die hij ter zijde neemt. Hoor eens, als gij er dan volstrekt op staat, haar dezen nacht hier te houden, dan wil *ik* er mij niet tegen verzetten. *Levendig.* Als ik er ten minste maar niets van weet.

MARIE, *tot Elisa.* Ja, ja, men zal u eene kamer geven, en morgen. *Men hoort het geblaf der honden.*

ELISA. God, de jagt, de verschrikkelijke jagt! *Zij snelt naar haar kind.*

BIRD. He! wat is het?

ELISA. Ik ben verloren. *Henri in hare armen houdende en hem Marie aanbiedende.* Dat men mij gevangen neme: lever mij aan hen, maar ontferm u over hem!

MARIE. Bedaard! Wij zullen u beide redden!

BENGALI, *met spoed en ontsteld opkomende.* Honden daar, honden daar!

BIRD. Haast u dan! *Hij doet Elisa en Henri schielijk, regts, vertrekken.*

Vierde Tooneel.

DEZELFDEN. HALEY. De gebroeders QUIMBO *op den achtergrond.*

HALEY, *opkomende.* Brrr.! welk een weêr. *De honden terugdrijvende, welke willen binnenkomen.* Wat is dat, wat is dat, de honden hier! He, *Quimbo,* naar de keuken met hen en leg ze goed vast. *Voorwaarts komende, terwijl Quimbo de honden wegbrengt.* Duizendmaal verschooning, Mijnheer, dat ik zoo bij u binnen kom, maar het is een weêr dat men er geen Neger uit jagen zou.

BIRD. Kom binnen, Mijnheer, kom binnen, Wie zijt gij?

HALEY. *Haley*, om u te dienen! Slavenhandelaar. Ik ben bezig eene vrouw te vervolgen, die gevlugt is met haar kind, waarvan ik eigenaar ben. *Bird en Marie zien elkander aan.* Die de Ohio overgekomen is, de Hemel mag weten hoe. Als die duivelsche honden het spoor niet hadden verloren.

BIRD. Hoe dat?

HALEY. Ik volgde den anderen weg, die eene mijl van hier loopt, toen de honden, eensklaps, dwarsch over heg en struik stoven en ons voor het hek van uwe woning bragten, waar zij begonnen te huilen en te krabben, even alsof zij het spoor roken van den een of anderen Neger, die van de overzijde der Ohio gekomen is.

MARIE, *ter zijde*. Groote God!

HALEY. En daar ik geloof de eer te hebben tot Mijnheer *Bird* te spreken,.. den Senator,.. een der warmste tegenstanders van de afschaffing,.. zoo ben ik verzekerd....

BIRD. De honden hebben zich niet bedrogen, Mijnheer!

HALEY. Hoe?

MARIE, *ter zijde*. Wat zegt hij?

BIRD. Zie! *Hij wijst op Bengali en Philemon.*

BENGALI, *ontsteld*. Wat? *Hij plaatst zich achter Philemon, die hem, op zijne beurt, weêr voor zich doet gaan.*

HALEY. Die twee mannen, die ik, in Kentucky, gezien heb, hoe komen die hier?

BENGALI, *levendig*. Hij, slaaf van mij?

HALEY. En jij?

BENGALI, *trotsch*. Ik, vrije man: en Aap, ook vrije man!

HALEY *tot Bird*. Is dat waar? *Bird geeft hem*

een toestemmend teeken. Dáár, dat zal het wezen, dat zal onze honden van het spoor gebragt hebben, en heeft geweldig mij in het zweet doen loopen. Ouf! Mijnheer *Bird*, zou ik u, voor een uurtje, gastvrijheid mogen verzoeken?

BIRD. Wel zeker, Mijnheer, met het grootste genoegen, men zal u dadelijk een *Souper* voorzetten. *Haley wil gaan zitten.* Met uw verlof, in deze kamer, dáár? *Hij wijst ter linkerzijde.*

HALEY. Te veel goedheid!

BIRD. *Jenkins, Thomas,* bedient Mijnheer! *Tot Haley.* En als u iets mogt ontbreken, zult gij wel zoo goed zijn te schellen. *Zacht, tot Marie.* Doe hen ontvlugten. *Luid aan Haley.* Kom! *Bird en Haley vertrekken links.*

Vijfde Tooneel.
MARIE. BENGALI. PHILEMON.

MARIE, *met warmte.* Ja, zij moet zich verwijderen, vóórdat de gehate man ... *De deur, regts openende, en stil, roepende:* Kom spoedig! *Men hoort schellen. Zij doet de deur, schielijk, weêr digt, uitroepende:* Neen, wacht! *Er wordt op nieuw gescheld.*

BENGALI. Ik komen, Meester, ik komen!

PHILEMON, *hem slaande.* Wat, jij vrije man, bedienen blanken!

BENGALI. 't Is waar, ik gebied te gaan, aan jou!

PHILEMON. En ik verbied jou, om te gebieden mij.

BENGALI. O, dat wat anders is. *Ter zijde.* O, ik leelijke slaaf heb, leelijke slaaf! *Marie luistert aan de deur links.*

Zesde Tooneel.
DE VORIGEN. BIRD.

BIRD, *opkomende.* Welnu, vertrekt zij? Zij moet

vertrekken. Dat alles compromitteert mij en als die man eenig vermoeden krijgt.

BENGALI, *ongerust, en zijne par-à-pluie nemende, welke bij den schoorsteen stond.* Ja, hij heel kwaad, en groote honden, niet goed. Dienaar Master *Bird:* ik met *Philemon* meê, in de rijtuig gaan, hard wegrijden. Goeden avond, Mistress *Bird!*

BIRD. 't Is goed, adieu, ga maar heen!

BENGALI, *op den achtergrond.* O, wat regen! *Hij opent zijne par-à-pluie. Philemon neemt hem die af en loopt er mede weg. Hij loopt Philemon na, zeggende:* O, ik leelijke slaaf heb, leelijke slaaf, ik!

Zevende Tooneel.

BIRD. MARIE. Vervolgens HALEY.

BIRD. Nu is het tijd, *Marie*, kom! *Op deze woorden komt een der honden door de deur op den achtergrond en vliegt naar de deur, regts, waar hij schijnt te zoeken.*

MARIE, *eene schreeuw gevende.* Ah, die hond! *Naar de linkerzij roepende.* Mijnheer, mijnheer!

BIRD. Zwijg dan toch!

HALEY, *opkomende, met een servet in de handen, den hond ziende.* Wat, is hij losgebroken? Dat zijn die verduivelde Negers! *Rondziende.* Wel, waar zijn zij gebleven, ik zie ze niet meer? *Men hoort een rijtuig wegrijden: hij ziet door de glazendeur op den achtergrond.* Waarachtig, daar gaan zij heen! *Lagchende.* De slaaf *in* het rijtuig en de meester achterop. Ha, ha, ha! *Zich naar de regterzij wendende.* Kijk, dat is vreemd: de hond zoekt altijd nog.

BIRD, *gedwongen, lagchende.* Waarlijk?

HALEY, *ter zijde.* Wat mag dat beteekenen?

BIRD. Wel,... ten minste... als niet die vrouw, die gij zoekt, zich hier, verborgen heeft.

HALEY, *die gedachte afweerende.* Bij u, Mijnheer *Bird!* Ha, ha, ha! *Ter zijde.* 't Is toch zonderling!

MARIE, *hem willende verwijderen.* Mijnheer *Haley*, de thee wacht u....

HALEY. Ik dank u, Mevrouw, ik zal er geen gebruik van maken. Als gij mij wilt veroorlooven... *Hij haalt eene pijp uit den zak.*

BIRD, *levendig.* De rook hindert mijne vrouw.

HALEY. O, duizendmaal verschooning, Mevrouw, ik verwijder mij. *Den hond bij de ketting nemende.* Wij verwijderen ons. *Ter zijde, bij het vertrekken.* Ho, ho, opgepast, *Haley*, opgepast! *Hij vertrekt en Marie sluit zorgvuldig de deur.*

Achtste Tooneel.
BIRD. MARIE. Vervolgens ELISA. HENRI. Daarna JENKINS.

BIRD *vurig.* Er is geen oogenblik te verliezen. *Hij schelt en opent vervolgens de deur regts.* Kom, kom! *Jenkins verschijnt op den achtergrond.* En gij, *Jenkins*, spoedig, span het wagentje in!

ELISA, *bevende.* Waar brengt Gij mij heen? Is hij er niet meer?

BIRD. Neen; maar Gij moet vlugten.

ELISA. Vlugten?

MARIE. O, deze keer niet alleen; thans met een leidsman, een verdediger. *Jenkins* zal u geleiden.

BIRD. *Jenkins!* Een mooije leidsman, die ons, meer dan honderd malen, bijna in de sloot gereden heeft.

MARIE, *ongerust.* Maar wie dan?

BIRD, *zijn Chamber-clouk uitdoende en een rok aantrekkende.* Wie, wie? Wel, weet ik het?

MARIE, *hem aanziende.* O, Gij!

BIRD, *stuursch*. Wel, dat moet ik immers wel, om van haar ontslagen te raken.

MARIE. Maar de regen wordt erger.

BIRD. Dan zal zij nat worden, dat is alles.

MARIE. En Gij dan? Daar! *Zij geeft hem een mantel, door eene dienstbode gebragt.* Neem dat ten minste, *Bird! Daar! Hij wil den mantel omdoen; zijn blik valt op Elisa.* Die mantel,... opdat ik mijne handen niet zou kunnen gebruiken, niet waar? Kom, geef hem aan haar!

MARIE. O, wat zijt Gij goed!

BIRD. Ik, goed: in 't geheel niet! Ik zorg voor die vrouw, omdat zij het eigendom van iemand is,... den heiligen eigendom...; anders.

MARIE, *zich omwendende, en ziende dat Elisa hare shawl afdoet om er Henri in te wikkelen.* En wij vergaten dat arme kind!

BIRD. Het kind, het kind? Wat maalt ge mij aan het hoofd met... *Zachter, en zijne aandoening kwalijk verbergende.* Als Gij hem dan volstrekt het manteltje wilt geven van onzen kleine, die dood is,... dan wil *ik* er mij niet tegen verzetten.

MARIE, *met eene beweging van vreugde.* O, Gij hadt dien goeden inval! *Zij opent eene lade van de secretaire.*

ELISA, *diep getroffen*. De mantel van het kind, dat Gij verloren hebt. O, vóór dat hij mijn zoon aanrake, laat ik hem met mijne kussen en mijne tranen bedekken. *Den mantel om de schouders van Henri doende.* Daar, arme kleine: thans heb ik minder vrees. God heeft u verhoord, Mijnheer. Hij zegent gewis *mijn* zoon op de aarde en *uwen* zoon in den Hemel.

BIRD. Komt, laat ons gaan, laat ons gaan!

HALEY, *plotseling de deur openende en zich vertoonende.* Het is te laat!

ALLEN. Hemel!

HALEY. Wij hebben haar. Hier *Quimbo*, hier met de honden! *Hij gaat, roepende, weêr heen. Bird snelt naar de deur en sluit die op het nachtslot, omhelst in haast zijne vrouw, aan wie Elisa de handen kust. Hij voert Elisa en Henri mede naar buiten, terwijl men, ter linkerzijde, de kreten van woede van Haley en het geblaf der honden hoort en twee Negers de deur tegenhouden.*

EINDE VAN HET VIERDE BEDRIJF.

VIJFDE BEDRIJF.
EENE WOESTE STREEK.

Op den achtergrond een holle weg, rondom rotsen, waartusschen een waterval. Links van dien weg, boven op een stapel rotsen een plat terrein, wat men kan bereiken, door, met moeite, tegen de rotsstukken, op te klimmen. Regts van dien weg, een ander verheven plat terrein, veel kleiner dan het eerstbedoelde en ook minder hoog. Op het eerste plan regts, een doornboschje. Regts, twee losse steenen.

Eerste Tooneel.

GEORGES, *alleen, het geweer in de hand, komt op van de linkerzijde, om zich heen ziende.* Niets dat mij op het spoor kan brengen! Een ieder, dien ik op mijnen weg ontmoette, heb ik ondervraagd... niemand wist mij te zeggen wat er van haar geworden is! Waarheen zal ik mij nu wenden? Te vergeefs tracht ik in het zand, de struiken, het bosch iets te vinden; nergens ontdek ik een dier kenteekenen, die geheimen van onzen stam, ons door onze Voorvaders nagelaten, en die aan de vrienden, die ons zoeken, zeggen: »Mijne voeten hebben dezen grond geraakt, mijne handen hebben deze struiken betast!" *Een boschje naderende, dat hij onderzoekt.* Niets! *Hij breekt een takje, en plaatst het kruislings op een ander.* Mogt zij, na mij, deze plaats bezoeken, dan zal zij misschien begrijpen, dat ik mij alhier bevind... Misschien vind ik haar weder. Ach! mogt ik haar in mijne armen drukken... haar en mijn kleinen *Henri!* Het is immers alles wat ik op dit oogenblik verlang. Onzinnige! Ik droomde van mijne vrijheid, ik, van het fortuin!... Weg gij trotsche droomen! weg, van mij! Mijn God!... Ik ben bereid mijne ketenen, mijne kluisters te hernemen; maar geef mij de gezellin mijns levens en mijn kind terug!... *Luisterende.* Ik hoor gerucht!.. paarden, en het blaffen der honden!... De menschenjagers! *Hij wil vlugten, doch blijft staan.* Neen, ik vlugt niet. Misschien hebben zij zich van haar meester gemaakt... misschien willen zij mijn *Henri* medevoeren, en *Elisa* aan hare meesters overleveren! Neen, ik blijf om hen te verdedigen. *Hij verdwijnt in den hollen weg.*

Tweede Tooneel.

GEORGES, *verborgen.* **TOM. HARRIS. HALEY. Een der broeders QUIMBO, door de honden vergezeld.**

HALEY. Wat duivel, Meester *Harris*, waarom laat gij ons op deze hoogte klouteren?

HARRIS. Gij zoudt mij deze zotte vraag niet doen, wanneer gij een beter Neger-jager waart. Toen ik u met de broeders *Quimbo* ontmoette, begaaft gij u in deze sombere vallei,... terwijl gij van dit punt, de vlakten, tien mijlen ver, kunt overzien, zonder eenige boomen of hutten te ontmoeten die de vlugtenden aan onze blikken kunnen onttrekken. *In de verte ziende.* Niets! Niemand! Wanneer zij zoo als men ons gezegd heeft, dezen weg hebben gevolgd, kunt gij u verzekerd houden, dat wij hen zijn voorbijgegaan, dank zij de dwarswegen, die wij zijn ingeslagen. Want, daar, vóór ons uit, is geen levend schepsel te vinden.

HALEY, *op een steen zittende, links.* En wat zegt gij van het gedrag van Mijnheer *Bird?*... Ik ben zeker dat hij zich nog bij hen bevindt.

HARRIS. Daarom juist is een der broeders *Quimbo* achter gebleven... ik heb hem gelast twee Geregtspersonen met zich te nemen, om zich wettiglijk tegen den wil van dien Blanken te verzetten.

TOM, *tot Haley.* Meester...

HALEY. Wat wilt gij, mijn jongen?

TOM. Meester, de weg was lang, en deze keten is zoo zwaar.

HALEY. Dat wil zeggen dat gij vermoeid zijt; met zoo veel te meer genot zult gij later kunnen uitrusten.

HARRIS, *bij Haley zittende.* Wachten wij hier!.. *Quimbo* en de geregtsdienaars zullen ons hier komen opzoeken.

HALEY, *tot Tom.* Leg vuur aan.

TOM. Ja Meester.

QUIMBO, *tot den hond sprekende, dien men niet ziet.* Stil daar, *Oura!* Men zou zeggen dat hij een Neger in de gaten heeft.

HALEY. Hij is ongeduldig zich op jagt te begeven.

TOM, *ter zijde, naar dien kant ziende.* Neen, de hond is ongerust... hij zet de ooren op, en zijne oogen glinsteren; er moet iets gaande zijn!.. *Hij gaat naar het boschje om hout te halen.* Wat heb ik daar gezien? Deze gebroken takken,... een teeken in den grond!

HALEY. Wat is er?
TOM. Ik zoek hout, Meester. *Ter zijde.* Een der onzen is hier geweest. *Hij beziet den grond.* Deze sporen, het moet *George* zijn. *Hij neemt het hout op om vuur te maken.*
HARRIS, *zittende.* Hebt gij brandewijn?
HALEY. Altijd.
HARRIS, *tot Quimbo.* Sla vuur, *Quimbo!* Waar zijn de levensmiddelen?
QUIMBO. Zie hier!
HALEY. Gij kunt u beroemen beste honden te bezitten.
HARRIS. En wel zeer uitmuntende.
HALEY. Zij ontdekken de Negers, maar raken ze niet aan, zij beschadigen ze niet.
HARRIS. Nooit.... *Haley geeft zijn geweer aan Tom, die het tegen het boschje zet.* En nu, laten wij eens over zaken spreken. Daar zijn wij nu, ons bezig houdende drie slaven te vervolgen, gij voor uwe eigene rekening, het kind dat u toebehoort en ik dien verdoemden *Georges* en zijne vrouw.
HALEY. Zijne vrouw! Zijne vrouw behoort aan Mistres *Shelby.....* *Gedurende deze laatste woorden, heeft Georges zich, op den achtergrond, laten zien, regts, zijn hoofd boven eene rots uitstekende.*
HARRIS. Luister. Wij bevinden ons niet meer op het gebied van Kentucky. Gij weet dat het hier voldoende is, dat een blanke verklare, de meester te zijn van een weggeloopen slaaf en zweere dat die slaaf zijn eigendom is, om hem weêr in handen te krijgen.... Welnu! ik wil, verstaat gij mij, ik wil dat *Elisa* mij zal toebehooren.
GEORGES *op den achtergrond.* Ellendeling!... *Hij laadt zijn geweer.*
HALEY, *het hoofd oprigtende.* Wat is dat? Het aanzetten van een geweer....

TOM, *bij het boschje zittende, het geweer van Haley nemende.* Dat ben ik, Meester! ik trek deze buks af. *Ongerust, naar de zijde van Georges, ziende.*

HALEY. Vervolg, Sir *Harris*, ik begrijp niet....

HARRIS. Waar ik heen wil? Het is toch zeer eenvoudig. Als wij de moeder en het kind in handen krijgen, neemt gij het kind en ik de moeder, die ik wegvoer naar mijne bezittingen van Louisiane.

HALEY. En zoo wij ook *Georges* vinden?

HARRIS. Sta ik hem aan u af.... en met voorbehoud, dat hij onmiddelijk naar het Noorden vertrekke, en *Elisa* nimmer wederzie!....

Men ziet Georges weder verschijnen.

TOM, *ter zijde.* Goede Hemel, bewaar ons hier voor een ongeluk of eene misdaad!

HALEY. Ik begrijp u... die vrouw bevalt u....

HARRIS. En ik zal haar bezitten.

HALEY. En de man?

HARRIS. Zal voor mij geen hinderpaal zijn.... al zoude ik hem verkoopen, weggeven..... *Met kracht.* Of hem dooden! *Georges legt op hem aan.*

TOM, *zich voor Harris plaatsende.* Neen, neen!

HARRIS, *verwonderd.* Neen, wat beteekent dat? Zoudt gij hem misschien willen verdedigen!....

TOM. Ik zou mij tusschen u en hem plaatsen.

HARRIS, *opstaande.* En als ik je dan eens voor den kop schoot?

TOM. Gij zoudt niet wel handelen, Mijnheer,... want ik zou niet meer daar zijn om mij tusschen u en hem te plaatsen, om hem te verhinderen u te dooden.

HARRIS, *zittende.* Zijt gij dwaas, zou hij zoo iets durven wagen?

TOM. Neen! *Ter sluiks naar Georges ziende.* Hij zou begrijpen, dat het eene misdaad ware, en dat hij zijne vrouw en kind zonder steun zou achterlaten. *George herneemt zijn geweer en verdwijnt.*

HALEY, *den hond een stuk brood toewerpende.* Daar, *Oura!*

HARRIS. Maak hem los, *Quimbo*, wij zullen hem het wild laten opspeuren.

TOM, *ter zijde.* Ach! ik voorzie dat er een ongeluk gebeuren zal!... ik zal ten minste trachten hem bij te staan. *Luid.* Meester!

HALEY. En dan?

TOM. Deze keten knelt mij zoo, de pijn is onverdragelijk.

HALEY. Toch waar?

TOM, *glimlagchende.* Als de koopwaar beschadigd is, laat zij zich slecht verkoopen.

HALEY. Hij heeft waarachtig gelijk,.. hij behartigt mijne belangens, een brave jongen!.. *Hij wil hem de keten afdoen.* Maar, wie staat er mij voor in dat?...

HARRIS, *hem zijne karabijn toonende.* Stel u gerust, ik houd hem in het oog.... mijn geweer heeft zelden, zelfs op tweehonderd pas, het wild gemist.

HALEY. Gij staat mij voor hem in?

HARRIS. Ik betaal u den prijs, zoo hij ontsnapt en ik hem niet mogt treffen.

HALEY. *Snel.* Maar zoo gij hem treft, krijg ik hem beschadigd terug.

HARRIS. Ik neem alles voor mijne rekening.

HALEY. Gij vergoedt mij de schade?

HARRIS. Die zal ik u vergoeden.

HALEY *maakt Tom los.* In dat geval, tracht nu maar te ontvlugten, zoo gij wilt....

HARRIS. Of liever, zoo gij kunt...

De hond verschijnt. Eensklaps werpt hij zich in den hollen weg, waar hij schijnt te snuffelen.

HALEY. De anderen komen niet opdagen,.. pakken wij den boel op, en laten wij ons gereed houden.

HARRIS, *naar den achtergrond ziende.* Wat snuffelt de hond toch gedurig op die plaats?

TOM, *ter zijde.* Hij is verloren, als ik niet tracht hem thans te redden! Kom aan! *Hij neemt het geweer van Haley en verdwijnt. De hond zoekt altijd voort.*

HARRIS, *op den achtergrond.* Het snuffelen van den hond komt mij verdacht voor!

HALEY. Denkt gij.

HARRIS. Hij is op het spoor.

HALEY. Op het spoor!

HARRIS, *zijne karabijn nemende.* De geweren!

QUIMBO, HALEY. De geweren!

HALEY. Het mijne is verdwenen!

HARRIS. En de Neger ook!

TOM, *in de verte.* Sir *Harris*, toon mij thans dat gij een goed schutter zijt! *Allen vervolgen Tom, de hond volgt.*

Derde Tooneel.
GEORGES verschijnt.

Tom heeft mij ten tweede maal gered,.. mij en deze ellendigen. Neen, gij zult mij het dierbaarste, dat ik bezit, niet ontnemen:... levend krijgt gij mij niet in handen. *Een geweerschot, van de zijde, welke de andere zijn opgegaan.* Zouden zij hem gedood hebben? (*Op de rots*). Neen. — Hij vlugt voort. De Hemel geve, dat hij, dank zij de duisternis van den nacht, het gevaar moge ontkomen! *Het geraas van een rijtuig van den tegenovergestelden kant.* Wie komt daar? Waarschijnlijk, de andere menschenjagers! *Hij verbergt zich.*

Vierde Tooneel.

GEORGES, verborgen. BIRD. ELISA. HENRI en JENKINS, in een wagentje met een paard er voor.

BIRD, *afstappende*. Wij zijn er... Stap er maar uit, arm vrouwtje.

ELISA. En het kind, Mijnheer?

BIRD. Arme kleine! geef hem maar aan mij.

GEORGES, *ter zijde*. *Elisa!* mijn zoon! *Hij wil er naar toe gaan, maar bezint zich.* Wie is de man, die hen vergezelt?

ELISA, *tot Bird*. Gij zijt onze beschermengel!

BIRD. Ik een Engel? een mooi ding; ik vertegenwoordig de Wet... de onwrikbare Wet... en vind uwe vlugt zeer misdadig.

GEORGES, *ter zijde*. Wat mag dat beteekenen!

BIRD. In den hoogsten graad misdadig! Neem u in acht, dat gij u niet bezeert aan deze rotsen... *Jenkins*, keer met den wagen terug en wacht mij aan het einde van den dwarsweg! *Tot Elisa.* Zie zoo, laten wij nu eens zien, waar wij ons bevinden. Ik ben er. Tusschen deze rotsen bevindt zich een pad, alleen aan de bewoners van dezen streek bekend, en waardoor gij uwe vervolgers van het spoor zult brengen;.. ik zal u den weg aanduiden, en dan... zullen wij afscheid van elkander nemen, mijn kind!

ELISA. De Hemel vergelde u, hetgeen gij voor ons gedaan hebt.

BIRD. Wat ik deed was zeer misdadig. Om het even, het spijt mij maar, dat ik u niet verder kan geleiden, en tot gids strekken.

GEORGES. Ik zal uwe plaats innemen, Mijnheer!

ELISA, *hem omhelzende*. *Georges! Georges!*

BIRD. Wat beliefje? wat is dat nu weer? Waar komt die, zoo op eens, van daan?

ELISA. Hij is mijn man, Mijnheer!

HENRI, *naar Georges loopende.* Mijn vader!

BIRD. Zijn vader! Maar man! Nog al een vlugteling, een weggeloopen slaaf! maar dan ben ik immers verpligt...

GEORGES. Eindelijk, eindelijk heb ik u dan weêr!

ELISA. Ja, *Georges*, de Hemel vergunt ons ten minste, zoo wij moeten sterven, dat wij gezamentlijk zullen omkomen.

BIRD *aangedaan, doch wil zich barsch toonen.* Zeg eens, Vriendje!.. Mijnheer! ik... ik ben verpligt.. ik..

GEORGES. Geliefde vrouw! Mijne *Elisa*, mijn *Henri!* Ach! dat zijn de eerste tranen, die ik stort, sedert ik u verloren had.

BIRD. Mijnheer, ik ben verpligt... ik... Maar, voor den Duivel, ben ik een regterlijk persoon of ben ik het niet? *Hij geeft hem de hand.* Jong mensch, het verheugt mij u te ontmoeten.

ELISA. Dank, Mijnheer, dank voor de goedheid, die gij ook mijn man betoont. Dank voor uwe menschlievendheid.

BIRD. Ik,... ik ben in 't geheel niet menschlievend. Bovendien, al hetgeen gij mij van dien armen jongen vertelde... Het is een zeer knap mensch!

ELISA. Het geluk van mijn leven. Vóór ik hem kende, was er niemand die mij lief had: mijne moeder werd verkocht, toen ik nog zeer jong was, jonger en zwakker dan mijn lieve *Henri*,... die U, zoo wel als wij, zijn leven thans te danken heeft!

GEORGES. Mijnheer, hoe zullen wij ooit kunnen vergelden, hetgene gij voor ons gedaan hebt?

BIRD. Wat ik deed, vereischt in 't geheel geen

dankbaarheid; integendeel, op dit oogenblik zelfs, handel ik geheel en al opposiet tegen de Wet.

GEORGES. Neen, Mijnheer, uw edel karakter alleen, uwe menschlievendheid, deden u dus handelen. Wie zou u kunnen beschuldigen?

BIRD. Wie! Numero één, ik zelf... Weet gij dan niet, dat gij tot een Wetgever spreekt, die de slavernij beschouwt als eene zeer wettige instelling, en de vlugt van een slaaf zeer strafwaardig vindt.

GEORGES. Neen, deze wreede, onmenschelijke wet, deze verachtelijke instelling, kunt gij niet goedkeuren.

BIRD. Hoe heb ik het met je? Ik heb haar zelf gemaakt!

GEORGES. Zoo gij haar niet uit den grond van uw hart afkeurde, zoudt gij mijne arme *Elisa* naar de gevangenis hebben gevoerd, of haar aan hare vervolgers hebben overgeleverd. Maar neen, gij hebt hare vlugt begunstigd.

BIRD. Dat is waar!

ELISA. Gij hebt mij in persoon hier heen gevoerd, gij, Mijnheer! gij waart mij behulpzaam, mijn kind te redden.

BIRD. Dat is ook weêr waar!

GEORGES. En zoo even, toen gij mij de hand druktet, verheugdet gij u in ons wederzien.

BIRD. Waar, zeer waar!

ELISA. Door dat te doen, Mijnheer, leverdet gij het bewijs, dat gij, met de lippen, uwe goedkeuring hechtte aan die wreede instelling der menschen, doch dat gij, in uw hart, de heilige Wet van den goeden God eerbiedigt, en ten uitvoer brengt.

BIRD, *losbarstende*. Allemaal waar, zeer waar! Loop naar den duivel! die verwenschte wilden, zullen mij nog stapelgek maken!

GEORGES. Zeg mij, Mijnheer, hebt gij op uwen weg niemand ontmoet.

ELISA. Neen, niemand.

GEORGES. Zoo even bevonden zich eenige onzer vervolgers hier... Zij zijn in de vlakte... mogelijk komen zij spoedig weêr.... en de andere moeten met de Geregtspersonen ook hier heen komen.

BIRD. Geregtspersonen?

GEORGES. Ja.... zoo als zij zeggen, willen zij zorgen dat het goed regt geheel aan hunne zijde is.

BIRD. Daar hebben zij gelijk aan.

ELISA. Dan zullen zij mij ten tweeden maal uit zijne armen rukken.... Zij zullen ons dooden, Mijnheer, ja zij zullen ons dooden. Want ik verlaat u niet, *Georges!* Ik verlaat u niet, mijn *Henri!* mijn Zoon, mijn leven, mijn alles; en zoo zij mij van u trachten te verwijderen, zullen zij mij niet levend in banden krijgen.

GEORGES. Gij hoort het, Mijnheer!

BIRD. Ja wel, ik hoor het! en zij zijn in hun regt. *Ter zijde.* Maar dat doet er niet toe, dat maakt mij oproerig. *Luid.* Laten wij geen tijd verliezen: het pad tusschen de rotsen moet hier zijn. *Hij nadert den weg en keert verschrikt terug.* Alle Heiligen! Wij zijn verloren.

GEORGES. Verloren?

ELISA. Wat zegt gij?

BIRD. Daar ginds, aan het einde van den dwarsweg,... drie mannen,... honden! *Men hoort die blaffen.* Luistert: Wij zijn ontdekt.

GEORGES. Ontdekt? — De Hemel is met onze verdrukkers!

Vijfde Tooneel.

DE VORIGEN. TOM, op de rots links.

TOM. Neen, de Hemel is met hen, die Hem inroepen.
GEORGES en ELISA. *Tom!*
BIRD. Daar is er waarachtig weêr een!
GEORGES. Gewond!
TOM. Dat is niets:... de Meester heeft bevolen de koopwaar niet te veel te beschadigen:.... ik ben het ontsnapt en kom u waarschuwen... want zij komen terug.
BIRD. En daar ginds, de andere!
GEORGES. Vertrek, Mijnheer! en gij ook *Tom*... ik ben gewapend, ik zal mij weten te verdedigen!
TOM. Ik blijf.
BIRD. Wilt gij ook vechten, gij?
TOM. Neen... maar ik zal deze vrouw en dit kind met mijn ligchaam beschutten.
BIRD. Goed zoo! Komaan, als wij op deze rots klimmen, dan zijn wij op een terrein, dat heerlijk geschikt is om ons tegen die ellend... *Ter zijde.* Wat vertel ik toch, daar ging ik geheel buiten de Wet. *Luid.* Spoedig, spoedig, er op!
GEORGES. Ik dank u. Vaarwel! *Zij klimmen er op, Georges draagt Henri, Tom ondersteunt Elisa.*
BIRD. Vaart allen wel! ik... *Eenige oogenblikken twijfelende.* Neen, voor den drommel, ik blijf.
ALLEN. Wat zegt gij?
BIRD. Ja, ik blijf: ik wil hen de stem der menschelijkheid doen hooren. Maak een klein plaatsje voor mij, daar boven! *Hij klimt er op, zij reiken hem de handen toe.*
TOM. Daar zijn zij!
GEORGES. Dat zij komen, ik sta gereed ze te ontvangen.

Zesde Tooneel.

De hond komt snel op, gevolgd door HARRIS, HALEY *en* QUIMBO *regts; de tweede Broeder* QUIMBO *en de geregtsdienaars uit den hollen weg.*

HARRIS. Hier zijn zij: je hond heeft je niet bedrogen *Quimbo!*

HALEY. En daar zijn onze vrienden!

HARRIS. Dan zullen zij ons niet ontkomen, wij zijn ze meester!

GEORGES. Nog niet, Meester!

HARRIS. Ah, je meester, gij erkent mij dan?

GEORGES. Het is voor het laatst, dat ik een mensch bij dezen naam noem.

HARRIS. Ja, voor het laatst,... als ik je een kogel door den kop jaag!

ELISA, *hem omarmende.* Hem dooden!

BIRD. Mijne Heeren, in naam der menschelijkheid...

HALEY. Aha, daar heb je Mijnheer *Bird!*

BIRD. Ja, Heeren, ja, en ofschoon ik erken dat de Wet in uw voordeel spreekt, vraag ik u in naam der menschelijkheid....

HARRIS. Genoeg geredeneerd! Maakt de honden los... en dan, voorwaarts!

GEORGES. Houd op: ik waarschuw U dat gij ons niet dan dood in handen krijgt!

HARRIS. Dood? ook goed! *Hij schiet op hem.*

ELISA, *gillende.* Ah!

HARRIS. Voor de eerste keer heeft mijne hand gebeefd. — Voorwaarts! Wij zullen zien, of deze ellendige slaaf op een vrij mensch durft vuren! Vooruit!

ALLEN. Voorwaarts!

GEORGES. Of ik zal durven? *Hij legt aan.*

ELISA. *Georges,* zij zullen u daarna dooden!

BIRD. Gij vuur geven, een slaaf! *Hij neemt hem het geweer af.* Dat kan niet, Mijne Heeren!... Heeren, in naam der menschelijkheid....

HALEY, *op eene rots regts.* Hierheen, hierheen!

BIRD. Gij luistert niet naar de stem der menschelijkheid?

HALEY, *hem aanziende.* Wij luisteren naar niets.

BIRD. Daar dan! *Hij schiet zijn geweer af, Haley valt in den hollen weg.* Duivelsch, dat is toch geheel strijdig met de Wet, wat ik daar gedaan heb!

HARRIS. Mijnheer, gij zult voor de regtbank rekenschap geven van deze gruweldaad!

BIRD. Wel mogelijk, Mijnheer; maar daar ik nu eenmaal begonnen ben, zooveel te erger, nu ga ik door. *Tom,* geef dat geweer aan *Georges,* ik behoud het mijne. — Denk er aan Heeren. Wij zullen ons niet meer aan uwe schoten blootstellen; wij zullen ons achter deze rots dekken, en, bij den Hemel, die mij hoort, hij die het pad durft betreden, is des doods! Wie zal nu de eerste zijn?... Hebt gij den moed, Meester *Harris?*

HARRIS. Ik zal het leven van die mij vergezellen niet onnoodig in de waagschaal stellen.

BIRD. En vooral het uwe niet.

HARRIS. Ik zal de hulp inroepen van alle vrije mannen en der Magistraten van deze landstreek: en ik zweer u, dat niet *één* der vlugtelingen levend van hier komt! Volgt mij, gij allen! *Zij vertrekken!*

BIRD. Klimmen wij nu af! Zij zijn ver genoeg verwijderd. Veel geluk, Meester *Harris!* Weg zijn zij. Laten wij er nu aan denken eene veilige schuilplaats voor u te vinden, waar men u niet kan vatten.

ELISA. Helaas! Wie zal zich onzer aantrekken?

BIRD. Ik weet er middel op, ik zal u aanbevelen aan *St. Clair.*

ELISA. De vader van Miss *Dolly?*

BIRD. Juist!... Een braaf, eerlijk mensch, die wel niet dol gesteld is op de Negers, maar hij aanbidt zijne dochter en zijne dochter is een engel. Gaan wij! *Zij willen gaan.*

TOM. Houd op, gij vergeet hem, die daar straks van de rots is gevallen:

BIRD. *Haley!* Gij hebt gelijk: zij hebben hem aan zijn lot overgelaten!

ELISA. Zoo hij nog leeft, zullen *wij* hem niet verlaten.

GEORGES. *Tom,* zien wij, of wij hem kunnen redden. *Af, in de holte, met Tom.*

BIRD. Ja, beproef of gij hem kunt:... Zachtjes aan, zachtjes aan! Gij zult u den kop verpletten. Wat gaan zij er op los! Dat is maar waar, zij hebben het hart op de regte plaats, die verduivelde wilden!

ELISA, *op den achtergrond, naar de holte ziende.* Zij zijn bij hem, zij dragen hem! Leeft hij nog?

TOM, *achter.* Ja, wij zullen hem redden.

ELISA, *tot Bird.* Wij zullen hem redden, Mijnheer.

BIRD, *op den voorgrond.* Wij zullen hem redden, dat doet mij vermaak. Ik ben wat driftig ten zijnen opzigte geweest. *Tom en Georges komen op, Haley dragende, die in onmagt is; zij leggen hem op den grond, met zijn hoofd op een steen.*

BIRD. Voorzigtig, voorzigtig, doet hem geen pijn.

ELISA. Plaats hem hier... Goed zoo! *Henri,* ondersteun het hoofd van den armen gekwetste.

HENRIE. Ja, moeder! *Hij ondersteunt hem.*

ELISA *geknield, bij hem.* Hij verkeert toch niet in gevaar, *Georges?*

GEORGES. De wond is niet doodelijk.

TOM, *geknield*. De val heeft hem buiten kennis gebragt.

BIRD, *staande*. Arme man! Hij is een groote ellendeling, maar het doet mij toch vermaak dat hij er van opkomt.

HALEY, *de oogen openende*. Harris! Quimbo! Gij hebt mij bijgestaan!

BIRD. *Harris? Quimbo?* ja, meer dan eens!

HALEY. *Georges!* Mijnheer *Bird!*

BIRD. Ik zelf, mijn waarde heer ik heb mij ten uwen opzigte een weinig te grof gedragen: ik heb u wat hard aangesproken.

HALEY. Hoe, zijt gij het, die mij hebt gered! En *Harris? Quimbo?*

TOM. Zij zijn vertrokken, Meester.

HALEY. *Tom?*

TOM. Ja, *Tom*, dien gij gisteren hebt gekocht. Ik was u ontloopen, Meester, opdat men *Georges* niet mogt ontdekken... doch ik ben teruggekeerd, en bevind mij bij u.

HALEY. Het komt mij alles voor als een droom.

ELISA, *geknield*. Laat het spreken u niet te veel vermoeijen!

HALEY. *Elisa!* En die handjes die mij het hoofd ondersteunen?

ELISA. Mijn kind, Mijnheer!

HALEY, *bewogen*. Henri! De arme kleine *Henri?*... Ach, Mijnheer *Bird*... als ik er van opkom... en zoo ik ooit een rijk man word,... zie ik van den Slavenhandel af.

BIRD. Komaan, dat is goed,... hij zal een eerlijk man worden, als hij er buiten kan een schurk te blijven. Nu spoedig met hem in het rijtuig, en dan voorwaarts!

Zij nemen Haley op, om hem naar het rijtuig te voeren.

EINDE VAN HET VIJFDE BEDRIJF.

ZESDE BEDRIJF.
TE NEW-ORLEANS, BIJ SAINT-CLAIR.

Kleine Salon. Middendeur en kabinetdeuren. Tafel links.

Eerste Tooneel.
SAINT-CLAIR. Een Notaris.

SAINT-CLAIR. Zoo als ik u zeide, Mijnheer de Notaris, ik heb besloten, ... ik heb het mijne dochter beloofd ... mijne waarde *Dolly* ... »Mijn Vader," zeide zij mij, »gij zegt dat onze fortuin zal verdubbeld worden, dank zij de Assurantie-maatschappij waarin gij uwe fondsen plaatste, en gij wilt mij een rijk geschenk geven? Welnu, ik heb eene keuze gedaan: het geschenk dat ik gaarne wenschte, mijn Vader, het eenige dat uwe *Dolly* gelukkig kan maken, — dat is de vrijheid der goede en getrouwe slaven van ons huis ... vooral de vrijmaking der drie op mijn verzoek laatst aangekochte *Tom*, *Elisa* en *Henri*! ..." En zij zeide mij dat alles op zulk een indrukwekkenden toon! In hare oogen schitterden vreugdetranen, zij viel mij om den hals, ... zoodat ik, — mijn waarde Notaris, — heb moeten toegeven, en dan, ik kon mijn kind niets weigeren ... ik heb toegestemd, beloofd, en zonder uitstel wil ik mijn woord nakomen. Komaan laten wij deze akte afmaken, welke ik aanstonds, in tegenwoordigheid van al mijne slaven, zal onderteekenen.

BEDIENDE *aandienende*. De Heeren *Harris* en *Haley*.

SAINT-CLAIR, *ongeduldig opstaande.* Ik kan die heeren thans niet ontvangen; laten zij wachten. *Neger af.* Mijnheer de Notaris, gelief deze papieren mede te nemen en laat ons in mijn kabinet gaan. *Af, regts.*

Tweede Tooneel.
HARRIS. HALEY.

HARRIS, *tot den Neger.* Gij zegt dat de Heer *Saint-Clair* niet te spreken is. Ik zal wachten.

HALEY. Wij zullen wachten.

HARRIS. Op mijne eer, *Haley*, het verheugt mij u hier bij den Heer *Saint-Clair* te New-Orleans, welvarend, te ontmoeten, ik dacht dat gij u nog altijd op den bodem van den afgrond bevondt, gij weet ... waar ...

HALEY. Alwaar gij mij aan mijn lot overliet. Het is uwe schuld niet dat ik er niet ben omgekomen.

HARRIS, *links, bij de tafel zittende.* Door welk wonder zijt gij er uit gekomen? Wie duivel heeft er u uitgehaald?

HALEY. Wilt gij mij eene dienst bewijzen!

HARRIS. Volgaarne!

HALEY. Spreken wij er dan niet meer over, ... omdat het mij herinnert, dat ik aan zekere lieden dankbaarheid verschuldigd ben, waaraan ik niet zal voldoen, en ... om kort te gaan, ik heb altijd mijne schulden betaald, en daar ik deze niet zal vereffenen, wensch ik de zaak te vergeten.

HARRIS. Afgedaan. Hoe gaat het met uwe zaken?

HALEY. En de uwe?

HARRIS. Naar wensch! Ik had drie schepen in zee, wier terugkomst ik afwachtte. Een schrikkelijke orkaan heeft, naar men zegt, dezen nacht vijftig schepen doen vergaan, die de haven zochten binnen te loopen, en ik heb reden te gelooven, dat de mijne onder dat getal behooren.

HARRIS. En gij zegt, dat u alles naar wensch gaat?

HARRIS. Mijne drie schepen zijn, zoo als waarschijnlijk al de overigen, voor het dubbele der waarde geassureerd.

HALEY. In dat geval wensch ik de Assurantie-Maatschappij geluk.

HARRIS, *opstaande*. Dat wilde ik juist den Heer *Saint-Clair* mededeelen.

HALEY. Wat gaat hem dat aan?

HARRIS, *zachter sprekende*. Wat hem dat aangaat? Zijne geheele fortuin is in deze Maatschappij geplaatst; hij heeft er zijn gansche vermogen ingestoken, en zoo de berigten, door mij ontvangen, waar zijn,... dan is hij totaal geruïneerd.

HALEY. De ongelukkige! *Hem gadeslaande*. Maar is het *zijn* belang wel alleen dat u in dit huis voert?

HARRIS. Wat zou er anders zijn dat mij,...

HALEY. Ik weet het regte niet... Ik weet alleen dat de schoone *Elisa* onder het getal zijner slaven behoort.

HARRIS, *onthutst*. *Elisa!* Gelooft gij?

HALEY. Ongetwijfeld. Na het voorval, waarbij ik bijna het leven verloor, heeft Mijnheer *Bird* haar hierheen gebragt! Mijnheer *Saint-Clair* heeft haar van haar vorigen Meester gekocht... en, om het kind niet van de moeder te scheiden, heb ik de kleine afgestaan.

HARRIS, *ironiesch*. Gij zijt wel goed!

HALEY. Ik deed nog meer dan dat.... *Tom* had Miss *Dolly* gered, toen zij op het punt was te verdrinken; zij stelde er prijs op hem te behouden.... zoo heb ik *Tom* ook afgestaan. Ik sta alles af, ik, als men er den prijs voor betaalt!.. Gij zegt alzoo, dat gij uwe bezittingen te Kentucky verlaat en u hier zult vestigen. Op mijne eer, zeer toevallig, dezelfde streek waar *Elisa* zich ophoudt!

HARRIS. Genoeg!

HALEY. Vergeef mij! Ik dacht u vermaak te doen met voor haar te spreken. *Van toon veranderende.* Uw voornemen is, daar ginder alles te verkoopen... ik zou wel eenigen uwer slaven willen hebben... ik zal er vier, naar mijn zin, overnemen.

HARRIS, *glimlacht.* De beste?

HALEY. Altijd... ik houd veel van goede waar... en voor die vier geef ik u....

HARRIS. Vijf duizend dollars.

HALEY. Ik schrijf de overeenkomst... *Hij gaat bij de tafel zitten schrijven.*

Derde Tooneel.
DE VORIGEN. ELISA.

ELISA, *op den achtergrond.* Mijn Meester kan den Heer *Harris* niet ontvangen. *Zij gaat naar de deur, regts.*

HARRIS, *haar naoogende.* In waarheid? Welnu, dan zal ik een gunstiger oogenblik afwachten, want ik moet hem spreken, en wel — ten uwen opzigte, mijne schoone!

ELISA. Ten mijnen opzigte?

HARRIS. Ja, gij weet... dat er oogenblikken zijn, die ons fortuin, hoe groot het ook zij, als met een' tooverslag doet verdwijnen: men is dan soms verpligt opofferingen te doen om zich uit eene moeijelijke positie te redden, zoo als, bijvoorbeeld, de Heer *Shelby*, toen hij uw kind verkocht.

ELISA, *zich bedwingende.* Dat is zoo! Maar de

edelmoedige goedheid van den Heer *Saint-Clair* heeft ons weder vereenigd.

HARRIS. En ik ben het niet, die u zou willen scheiden, het tegendeel is waar!... Zoo ik hem, in ruiling eener dienst hem bewezen, vraag, om de moeder en den zoon, dan is het om de familie bij elkander te hebben... Want *Georges* behoort altijd aan mij.

ELISA. Mijn meester zal u niets verkoopen, en *Georges* heeft van u niets te vreezen.

HARRIS. Zijt gij daar wel zeker van?

ELISA. *Georges* bevindt zich te Canada:... hij is in een gastvrij land, waar gij hem niet zult zoeken, want gij weet zeer goed, dat gij aldaar, in hem een moedig en vrij mensch zoudt aantreffen.

HALEY, *opziende en met schrijven ophoudende.* Ei, ei!

HARRIS. Ah, gij gelooft dat de ellendige slaaf zich tegen zijn Meester zou durven verzetten?

ELISA, *met kracht.* De ellendige slaaf? Waarom niet, Mijnheer *Harris?* Dáár, waar uw handel nietig is, dáár, waar men u onbeschroomd in de oogen zou zien, waar men van *zijn* kant de fierheid, het verstand, en den moed,... en van den *uwen*, de onwetendheid, laagheid en luîhartigheid zou ontdekken... men zou hem als den Meester, *U*, als den ellendigen Slaaf beschouwen.

HARRIS, *zich vergetende.* Ongelukkige!

HALEY, *ter zijde.* Dat smaakt hem niet.

HARRIS. Ah, gij hebt voor altijd mijne regten doorgeschrapt? Hij was eenmaal een slaaf, hij zal tot de slavernij wederkeeren.

ELISA, *ironiesch glimlagchende.* En dat, waarom? Uwe moeder was eene slavin, zij heeft opgehouden het te zijn. U verkocht men als kind, en thans koopt gij de anderen. De zweep van den Meester heeft ook uwe schouders geteekend, Mijnheer *Harris*. *Hem naderende*. Hoe veel genoegen zou het u niet doen, wanneer het in uwe magt stond, mij onder uwen geesel te doen bukken?

HARRIS. Dat is te veel! Vrouw, ik zweer u, ik zal uwe stoutmoedigheid, uwen trots vernederen; ik zal u dwingen, noodzaken, mij voor deze uitdrukking vergiffenis te smeken.

ELISA. Mij?

HARRIS. Uw man is vrij geworden, omdat hij zich onder de bescherming eener vreemde Wet heeft geplaatst? Maar er bestaan grenzen, wanneer, men die achter zich laat, verliest die Wet hare kracht... en *Georges* heeft zich buiten het bereik dier Wet gesteld, waarop gij u hier met zooveel trots durft beroepen.

ELISA, *verschrikt*. Hij! Neen, neen, dat is niet mogelijk!

HARRIS. Een mijner lieden, die *mij* alleen is toegedaan, op wien ik vertrouwen kan, heeft hem van af het tijdstip dat hij ontvlugtte, achtervolgd... hij volgt hem thans nog, verstaat gij mij, als de schim van zijn eigen ligchaam! „*Georges*," zoo schrijft hij mij," heeft Canada verlaten; hij zal beproeven in het geheim te Louisiane te komen, om er zijne vrouw en kind weder te zien en hen vrij te koopen... Binnen weinige dagen, zal hij den grond der Republiek betreden, binnen weinige dagen zult gij hem gekluisterd aan mijne voeten zien.

ELISA. Groote God!

HARRIS. En binnen weinige dagen, schoon kind, zal ik hem uwe beleedigingen duur doen betalen! Hij zal de kracht van mijn' haat en van mijn' arm in overvloeijende mate gevoelen.... *Haley beweegt sich op zijn' stoel.*

ELISA, *smeekende*. Neen, neen, *ik*, *ik* alleen heb u beleedigd. Op mij kome uwe haat! Mij alleen moet hij treffen.

HARRIS. Nu zijn wij er! Gij dreigt niet meer? Gij smeekt voor hem, schoone *Elisa?* Komaan dan, ik ben goed en barmhartig. Ik laat u over zijn lot beschikken

ELISA. Mij?...

HARRIS. Ik schenk uwen *George* geen genade, of *Gij* moet mij toebehooren.

ELISA. Afgrijsselijk!

HARRIS. Iedere weigering van uwe zijde veroorzaakt hem eene nieuwe marteling.

ELISA, *besloten*, *met kracht*. Gij kunt hem dooden, maar gij zult hem niet onteeren!!

HARRIS, *buiten zichzelven*. Welnu, ja, ja,... ik zal hem dooden!

HALEY, *met de vuist op tafel slaande*, *staat op*. Duizend donders, dat is te veel!

HARRIS, *zich tot Haley wendende*. Wat deert u?

HALEY. Wat mij deert? Dat uw gedrag onuitstaanbaar is, onverdragelijk, dat ik er mij tegen verzet.

HARRIS, *ironiesch*. Gij, Mijnheer *Haley?*

HALEY. Ja, ik, Meester *Haley*, de menschen-jager, de handelaar in menschenvleesch: welnu, ja, ik verkoop het, maar pijnig het niet, zoo als gij.

ELISA. De Hemel vergelde u deze woorden, Mijnheer!

HALEY. Zooveel te beter...! Ik herhaal het u, *Harris*, gij zijt onverdragelijk, gij hebt mij, in één oogenblik, het schandelijke van mijn beroep doen inzien,... daar ik door uwe handelingen zie, tot welke laagheden het mij brengen kan.

HARRIS. Genoeg, Meester *Haley!* Gij vergeet, dat gij alleen zijt hier gekomen om ons wegens den aankoop van eenige slaven te verstaan.

HALEY, *grof*. Het zij zoo, komen wij aan éen einde. Teeken uw' naam — en zie hier uw geld.

HARRIS, *teekenende*. Het is gedaan.

HALEY. Uitmuntend!... *Na geschreven te hebben*. En nu tusschen ons beiden?

HARRIS, *verwonderd*. Wat bedoelt gij?

HALEY. De slaven, die ik uitzoek, zijn *Peters*, *Jenkins*, *Dorcas!* En de vierde!... *Met kracht*. Die geef ik aan u, *Elisa*, dat is uw man, *Georges!*

ELISA. *Georges!*

HARRIS. Wat zegt gij?

HALEY, *tot Harris*. Vier slaven, naar mijne keuze. Gij hebt geteekend.

HARRIS. Door hem gevangen?

ELISA. Aan mij! Gij geeft hem aan mij! Mijn *Georges* vrij, vrij! O mijn God, dank, dank, hij is vrij!

HALEY. Dat verwachttet gij niet, mijn goede vriend, *Harris! Elisa de hand drukkende*. Brave, waardige vrouw! — Gij reddet mij éénmaal het leven, ik geef u, uwen *Georges*, om mijne schuld te vereffenen. Ouf,... de Hemel zij dank,... dat is een pak van mijn hart!

ELISA. Hij is vrij! *Tot Harris*. En gij zeidet mij dat hij terugkomt, Mijnheer! Hij komt terug, hij, wiens vrouw gij durfdet beleedigen!... Neem u in acht, hem niet op uwen weg te ontmoeten, zoo gij de kracht van zijn haat en van zijn' arm niet wilt gevoelen. *Er komt een Matroos binnen, die Harris een' brief overhandigt.*

HARRIS. De brief dien ik wachtende was. *Hij leest.*

HALEY. Het kwaadvoorspellende nieuws?

HARRIS, *met eene beweging van vreugde*. Goed zoo, zoek nu nog te zegevieren, mijne Schoone!

Ik zal mijn' wil vervuld zien, ten spijt van den deugdzamen *Haley*, en ik herhaal het u; gij zult mij toebehooren.

Vierde Tooneel.

VORIGEN. SAINT-CLAIR, regts opkomende. TOM en andere Slaven op den achtergrond.

SAINT-CLAIR. Gij bedriegt u, Mijnheer *Harris*... want ziehier de akte van vrijmaking voor al mijne slaven.

HARRIS, *ironiesch*. Hunne vrijheid?

HALEY, *zacht*. Dat valt je niet in de hand, niet waar?

SAINT-CLAIR. Komt allen hier, allen, — zie hier het bewijs uwer vrijheid.

AL DE NEGERS. Vrij! vrij!

TOM, *met overkropte vreugde*. Ach Meester,... hoe zullen mijne arme kinderen u zegenen, den dag dat ik ze allen zal mogen omhelzen. *Saint-Clair reikt hem de hand, en wil teekenen*...

HARRIS, *tot Saint-Clair*. Teeken dat niet, Mijnheer, want, ik zeg het u met smart; maar deze akte is niet geldig.

ALLEN. Hoe!

ELISA. Wat zegt hij!

SAINT-CLAIR. En waarom niet, Mijnheer?

HARRIS. Omdat uwe gansche fortuin verloren is, door de ramp van dezen nacht. Uwe eigendommen, uwe bezittingen zijn verpand, Mijnheer *Saint-Clair*, en uwe slaven maken een deel dier bezittingen uit!

SAINT-CLAIR. Geruïneerd!

HARRIS. Binnen weinige dagen, schoon kind, zult gij met de overigen op de markt verkocht wor-

den;.... ik zal zorg dragen, dat ik er mij bevind.
ELISA. Verkocht.... oh! *Zij valt in een stoel.*

EINDE VAN HET ZESDE BEDRIJF.

ZEVENDE BEDRIJF.
DE SLAVENMARKT TE NEW-ORLEANS.

Op den achtergrond, boogswijzige openingen, het gezigt gevende op eene groote plaats. Regts de verhevene plaats voor den Commissaris-afslager.

Eerste Tooneel.

Slaven van verschillende ouderdom en sexe, Negers, Mulatten enz., zitten of liggen op matten. Koopers, een Inspecteur, een Uitroeper en een Tamboer verschijnen op de plaats. De Tamboer slaat een roffel. Op dien klank rigten de Slaven de hoofden op.

Uitroeper, *een biljet in de hand.* »Burgers van New-Orleans,.. op heden, den twintigsten Julij 1850, zal men, op regterlijk gezag, overgaan tot den verkoop, aan de meest biedende, van een getal van drie- en twintig Negers, Negerinnen, zoowel oude als jonge. *Vóór* den verkoop, die ten twee uren zal plaats vinden, bestaat er gelegenheid, de koopen te onderzoeken. De cataloog is verkrijgbaar bij Sir *Wilson*, Commissaris en Afslager van genoemde stad." *Roffel. Gedurende deze aflezing, is men, van alle zijden, toegeloopen, er vormen zich verscheidene groepen, die, van tijd tot tijd, de markt aanvullen.*

Eerste Kooper, *een jong mensch ontmoetende.* Goeden dag Mijnheer *Matthews!* komt gij uwe in-

koopen doen? Ik zie er niets goeds onder:...
het is wrak goedje.

Een Oud Man, *blijft voor twee Negerinnen staan, eene jonge en eene oude, bij elkander.* Arme schepsels! Zeker moeder en dochter? *Hij verwijdert zich.*

De Oude Negerin. *Emmeline*, mijn kind, zaagt gij dien grijsaard? Wat zag hij ons medelijdend aan! Ach, mogt hij ons beide koopen!

De Dochter. Moeder, als zij ons maar niet scheiden! *Zij weent, in de armen der oude.*

Een Neger, *bezigtigd door den eersten kooper.* Koop mij, Meester:... ik goed werk, altijd vrolijk... altijd lach, ik: ha, ha, ha!

DE INSPECTEUR. Zoo mag ik het zien! Gedraag u allen zoo als hij, lacht voor den duivel! Wie wil er zulke drilooren koopen, komaan vrolijk en opgeruimd!

Tweede Tooneel.
DE VORIGEN. HALEY. BIRD.

HALEY, *links opkomende, overdreven elegant gekleed.* Ei, ei, er is reeds veel volk!

BIRD, *van den achtergrond.* Ah, Meester *Haley!* Goeden dag, *Haley*, goeden dag. Ik ging hier voorbij. Toen ik binnen kwam, zeide ik zoo tot me zelven: »Ik ben er zeker van *Haley* op de markt te ontmoeten."

HALEY. En waarom dacht gij dat, Mijnheer *Bird?*

BIRD. Wat duivel, het is immers je vak!

HALEY. Dan hebt gij mij zeker niet goed aangezien? Waar is mijn oude verlakte hoed? Waar zijn de groove laarzen van den zielverkooper? He! Zie eens hier! Verlakte schoentjes, een zijden vest... en handschoenen! Handschoenen, vriendje! Ik heb eeu halven dag noodig gehad om ze aan te trekken. Enfin, compleet costuum van een *gentleman:* ruik eens! wat zeg je van die heerlijke lucht? *Hij geeft hem zijn zakdoek.*

BIRD. Duivels, vriendje, je besmet den ganschen omtrek! wat moet dat alles beduiden?

HALEY. Dat *Haley*, de Slavenhandelaar, voor altijd overleden is.

BIRD. Ach, kom!

HALEY, *met verontwaardiging.* Zou ik, Mijnheer *Bird*, mij nog langer met dien afschuwelijken handel bezig houden, die mij de medepligtige van *Richard Harris* maakte! Neen, nooit meer: men heeft een geweten! Ik heb er nooit aan getwijfeld — en toen het hier binnen een weinigje onrustig werd,... 't verwonderde mij zelfs, doch mijn geweten is wakker geworden.

BIRD, *glimlagchende.* Zoo als de schoone slaapster in het bosch, na dat je wat lang was ingedut!

HALEY. Gij hebt gelijk. Toen heb ik mijn menschenwinkel gesloten, ik heb die lucht er uitgejaagd, en heb mij op nieuw neêrgezet als parfumeur.

BIRD. Parfumeur, koopman in reukwaren?

HALEY. In de schoonste en fraaiste straat van New-Orleans!.. Een magazijn geheel van ebbenhout! *Beweging van Bird.* En parfumeriën, eerste kwaliteit, Parijsche waar, artikelen der Antéphelische Societeit....reuk *à la jasmin, Crême d'amandes, Cold-crème* en zoo wat van alles, waar een delicate lucht aan is...Sedert ik het besluit heb genomen geen Negers meer te verkoopen, en ik mij met artikelen van deugd en parfumeriën ophoud, komt het mij voor of ik in eene andere luchtstreek leef... vrijer, balsemachtig!

BIRD. Bravo, *Haley*, bravo! Maar wat voert u dan hier heen?

HALEY. Helaas, de laatste aankoop; — niet om te verkoopen! Foei; weg er mede! Maar enkel voor mijn magazijn heb ik een' jongen Neger noodig — met een goed uiterlijk.. en die dacht ik hier te vinden.

BIRD, *de koopen gadeslaande.* Nu, dan geloof ik niet, dat gij hier uwe zaak zult vinden.

HALEY. Een oogenblik! De koopwaren zijn nog niet allen hier aanwezig.... De Negers van *Saint-Clair* komen te gelijker tijd ter tafel?

BIRD. Wat zegt gij! En de arme *Elisa.*

HALEY. En haar kind... Ach hemel, ja!... Met *Tom*, een oud koopje.

BIRD. Dat wil ik niet bijwonen. Morgen verlaat ik New-Orleans, ik vertrek naar Washington, voor het Congres, alwaar ik eenige kleine verbeteringen, betrekkelijk de laatste Wet, wil voorstellen.

HALEY, *glimlagchende.* Aha, verbeteringen!...

BIRD. Weinig beduidende,.. die aan het geheel geen veranderingen zullen te weeg brengen, namentlijk. .dat hij, die eene schuilplaats verleent aan den weggeloopen slaaf van een ander...

HALEY. Zal veroordeeld worden....

BIRD. Neen, 't lijkt er niet naar!.. Gehouden is, zorg voor hem te dragen, de grootste zorg; hij zal hem logeeren, en op eene voldoende wijze voeden,.. aangezien niemand het eigendom van een' ander mag bederven.... Zij zullen het wel moeten aannemen! Ik zal zoo lang, en zoo luid mogelijk, spreken, dat zij mijn voorstel zullen aannemen om van mij ontslagen te zijn. Dat is een middel dat gewoonlijk probatum is, in die soort van vergaderingen. Vaarwel, *Haley*, tot wederziens!

HALEY, *houdt hem tegen.* Een oogenblik! Men heeft mij gezegd, dat gij ten mijnen opzigte een proces voerde... aangaande. .

BIRD. Aangaande mijne tegenstrijdigheid, toen ik u, geheel tegen de Wet in, een kogel in uw maag zond.
HALEY. Ja.
BIRD. Ja wel, ik heb een proces gehad.
HALEY. En wie had u dan aangeklaagd?
BIRD. Wie? Wel ik zelf,. uit eerbied voor de Wet! Ik zou mij zelven veroordeeld hebben, als het tribunaal het niet had gedaan. Ik heb eene boete van duizend Dollars betaald.
HALEY, *gevleid*. Duizend Dollars! Ik dacht niet, dat ik zoo veel waard was.
BIRD. Ja, duizend Dollars. 't Is hard, maar het is zoo! Mijne vrouw zegt, dat zij mij van dien tijd af, duizendmaal liever heeft; zie je, dan komt het weêr op hetzelfde neêr, en heb ik er altijd bij gewonnen.
HALEY. Regt zoo!
BIRD. Nu, *Haley*, tot wederziens! Ik ga, *en passant*, even uw magazijn bezigtigen, ik moet wat *Crême à l'amande* voor mijne vrouw hebben. *Af, achtergrond*.

Derde Tooneel.

DE VORIGEN, zonder BIRD, daarna BENGALI en PHILEMON.

HALEY. Braaf, edel mensch!
EERSTE KOOPER, *lagchende*. Wie dat, *Haley?*
HALEY. Mijnheer *Bird*.
EERSTE KOOPER. Wat heeft hij dan uitgevoerd, die Mijnheer *Bird*? Wat deed hij?
HALEY, *met warmte*. Wat hij deed? Hij loste zijn geweer op mij, en deed mij, honderd voeten diep, in een' afgrond storten.
ALLEN, *lagchende*. Ah, ah, ah!

BENGALI, *gevolgd door Philemon.* Zie, zie, ze lach hier! ah, z' is Mijnheer *Tom!*... Goed dag *Tom! Hij reikt hem de hand.*
EERSTE KOOPER. Wat is dat? *Hij draait hem den rug toe.*
BENGALI. Ah! *Tot Haley, hem de hand reikende.* Goed dag, Mijnheer *Haley!*
HALEY, *als de vorigen.* Wat beliefje?
BENGALI. Hoe? Ze raak niet an de wit handschoen? Wit handschoen van zijn magazijn.
HALEY, *snel.* Uit mijn magazijn? Dat maakt een onderscheid! *Hij geeft hem de hand, hem aanziende.* Komt gij een anderen slaaf koopen?
PHILEMON. Wat beliefje?
BENGALI, *zacht en snel tot Haley.* Stil! Ze komt verkoop *Philemon!* Stil, ze mag niet weet!
HALEY. Ach kom, en waarom verkoopt gij hem?
BENGALI. Hij, mij, meester van hem,... altijd slaan!.. ik zal verkoop hem, en dan neem eene kleine negerinnetje. Niet zeg aan hem!
HALEY. Hebt gij dan geen geld meer?
BENGALI. Neen! twaalf honderd Dollars weg! *Cocambo* te veel geéét. Zal Meester *Haley* ze koop mijn *Philemon?* Hee! Hij goed werk, en niet duur.
HALEY. Neen, dat is mijne zaak niet. Ik heb iets fijner, iets beter noodig!... *Ter zijde, Bengali beschouwende.* Maar! hij ziet er waarachtig niet slecht uit, die botterik, hij zou eene goede figuur maken met eene roode liverei aan, aan de deur van mijn magazijn... *Luid.* Hoor eens hier, *Bengali*, wilt gij u zelven verkoopen? Ik bied u vijfhonderd dollars.
BENGALI. Ik verkoop me zelf? Ik word nog eens slaaf?
HALEY. Neen, neen, bediende, *Groom*, en om

u niet te beleedigen, zult gij geen loon trekken. Wat zegt ge daarvan, hee?

BENGALI, *vuur vattende.* Zal *Bengali*, dan heb rand van goud om zijn hoed.

HALEY. En een roode broek!

BENGALI. Rood! En niet loon trek... *Twijfelende.* Neen, niet doen, *Bengali*, liever verkoop *Philemon*, en kleine negerins koop.

HALEY. Bedenk u goed! Zoo gij de vijfhonderd Dollars wilt, ik heb die in mijn' zak:... één woord en zij behooren u!

DE INSPECTEUR, *op zijn horlogie ziende.* Weldra is het twee uren! *Tot de Negers.* Maakt plaats daar, voor de overige koopen!

Vierde Tooneel.
DE VORIGEN. HARRIS.

HARRIS, *van den achtergrond.* Goeden dag, Mijne Heeren!

ALLEN. Mijnheer *Harris!*...

HARRIS. Kom ik te laat?

HALEY, *op den voorgrond. Harris!* Een slavenhandelaar! *Hij verwijdert zich.* Weg van hem, weg *Haley!*

EERSTE KOOPER. Gij verlaat zelden meer uwe woning, Mijnheer *Harris*, ofschoon zij digt aan de stad ligt.

HARRIS, *bitter.* Haar verlaten! Opdat men haar verbrande, niet waar, gedurende mijn afwezigheid?

ALLEN, *naderen.* Haar verbranden?

BENGALI, *in de verte.* Kijke, kijke, kijk!

TWEEDE KOOPER. Het is dan waar, dat men vertelde? Die Neger, dien gij onder zweepslagen deedt bezwijken....

HARRIS. Is een dergenen die naar mijne fortuin,

naar mijn leven staan. Ja, mijne Heeren, dat is reeds de zesde aanslag om brand te stichten, dien ik heb ontdekt en heb weten te straffen. Ik ben ieder oogenblik op een' nieuwen opstand voorbereid. Maar ik zie goed uit mijne oogen, en zal de misdadigers weten te beloonen!

BENGALI, *terzijde.* Ah, zij wil de hut an zijn, steeken in de brand! goedte! goedte! *Hij wrijft in de handen.*

EERSTE KOOPER. Kom, kom, gekheid, dat durven zij niet! Wat voert u hier? Denkt gij een koop te doen?

HARRIS. Ja, Heeren!

ALLEN, *nieuwsgierig.* Ah!

HARRIS. *Elisa*, de Slavin van *Saint-Clair*.

EERSTE KOOPER. Duivels! Een mooi koopjen,.. dat men u wel eens zou kunnen betwisten.

HARRIS. Wie? Gij, *Tomkins?*

EERSTE KOOPER. Misschien...

HARRIS. Gij zijt vrij te koopen wat u aanstaat. Doch ik waarschuw u, gij zult alleen slagen mij tien, twintig maal meer dan de waarde te doen betalen. Ik zeg het u vóóruit, Heeren, geen uwer zal deze vrouw bezitten, en voor er een uur verloopen is, behoort zij aan *Richard Harris*.

EERSTE KOOPER. In dat geval hebt gij geen concurrentie te vreezen, niet waar, Mijne Heeren?

ALLEN. Neen, zeker niet!

Vijfde Tooneel.

DE VORIGEN. DE COMMISSARIS.

DE INSPECTEUR. Mijne Heeren! Mijnheer de Commissaris! Op uwe plaatsen!

COMMISSARIS, *op zijne plaats, opent den verkoop*

bij hamerslag Mijne Heeren, de verkoop neemt een aanvang. *Bengali nadert hem, zacht sprekende.*

PHILEMON, *ter zijde*. Wat meester daar praat zacht aan hem?

COMMISSARIS. Ten eerste bieden wij u aan, een slaaf, genaamd *Philemon*, behoorende aan den burger *Bengali*.

PHILEMON, *eensklaps, voorkomende*, Watte! Ze zalle verkoop mij? *Hij wil zich op Bengali werpen.*

BENGALI, *vlugtende*. Hem hou vast, hem! *De Inspecteur neemt hem bij de kraag.*

PHILEMON, *ter zijde*. O schurke *Bengali*, ze zal me duur betaal dat!

COMMISSARIS. Dat men den koop voorbrenge!

INSPECTEUR. Nader!

PHILEMON *komt, hinkende, nader.*

HALEY. Hij loopt mank!

ALLEN. Ja, dat is zoo!

BENGALI. Neen, niet waar, hij niet is mank! Hij heeft een goede voete... ik dikwijls gevoeld heb...

COMMISSARIS. Onderzoek hem, Mijne Heeren! *Men omringt Philemon, die het hoofd laat hangen en begint te hoesten.*

EERSTE KOOPER. Zeg eens, *Haley*, gij zijt een kenner, wat denkt gij er van?

HALEY, *na hem verachtelijk beschouwd te hebben.* Hij ziet scheel, is mank, hoest; een slechte koop, ellendige waar! *Hij verwijdert zich.*

BENGALI, *tot Philemon*. O jou hondte! Ze mot niet geloof dat! ze is zeer gezondte.

COMMISSARIS. Kom aan, Heeren! Wie biedt er zeshonderd Dollars?

ALLEN. Ha, ha, ha!

COMMISSARIS. Vijfhonderd, driehonderd, honderd? Niets, niemand? Komaan, een bod!

EERSTE KOOPER. Vijf en twintig!
BENGALI. Oh!
PHILEMON, *lagchende, ter zijde.* Ha, ha, ha!
COMMISSARIS. Vijf en twintig Dollars... wie meer dan vijf en twintig? Niemand meer? Toegeslagen, vijf en twintig Dollars.
BENGALI. Ik gestool ben!
PHILEMON, *naar den kooper springende.* Ik niet loop manke; ik zijn gezondte! Ha, ha, ha!
BENGALI. Datte niet meer gebeur mij.
COMMISSARIS. Stilte Heeren! De slaven van het huis *Saint-Clair*.

Zesde Tooneel.

DE VORIGEN. TOM. ELISA. Vier andere Slaven.

INSPECTEUR. Vooruit dan, nader!
TOM, *Henri dragende, die slaapt. Zacht tot Elisa, die zich moeijelijk voortsleept, naast hem.* Laat ik hem dragen, mijn kind: gij kunt u naauwlijks staande houden. *Zij gaan beiden op eene mat zitten.*
ELISA, *zacht.* Ach, laat hem niet wakker worden? Hij moet niet weten wat hier voorvalt.
HARRIS, *ter zijde.* Daar is zij?
ELISA, *hem ziende.* Ach!
TOM. Wat deert u, mijn kind?
ELISA, *zacht.* Daar staat hij!
TOM. *Harris?*
ELISA, *met kracht.* Ja, *Harris!* Wij zullen verkocht worden, *Tom!*
TOM, *op Henri wijzende.* Neem u in acht, dat hij niet wakker worde!
ELISA. Hem wakker maken! Ach, ongelukkig kind! Niet de slaap, de dood was wenschelijker voor u!

HARRIS, *ziet haar niet meer aan.* Nog schooner, te midden van wanhoop en tranen!

COMMISSARIS. Op uwe plaats, Heeren!

INSPECTEUR. Op uwe plaatsen!

COMMISSARIS. De slavin, genaamd *Elisa Saint-Clair! Zij kust, wanhopend het hoofd van haar zoon, staat op en komt voor den Commissaris. De Inspecteur raakt haar aan den schouder, zij valt op de knieën.* Gezegde *Elisa*, ingesteld op zevenhonderd dollars!

HARRIS, *vooruitkomende.* Achthonderd.

ELISA. Hij!

HARRIS, *keert zich tot de vorige koopers, Tom beluistert hun onderhand.*

COMMISSARIS. Achthonderd Dollars! Welnu, Komaan, Heeren!

ELISA, *zacht tot Tom.* Niemand spreekt meer!

TOM. Er zal ook niemand meer spreken, arme vrouw. Zij zijn het eens om u aan hem over te leveren.

ELISA, *in doodsangst.* Niemand! niemand!

Zevende Tooneel.

VORIGEN. BIRD.

BIRD, *inkomende.* De verkoop is reeds begonnen!

ELISA, *hem gewaarwordende, een wanhopenden gil gevende, en zich tot voor zijne voeten sleepende* Ach, Mijnheer, Mijnheer, om Godswil, koop mij!

BIRD. Wat zie ik, *Elisa?*

ELISA. Mijnheer, de Hemel zendt u om mij te redden! Hebt medelijden met eene arme ongelukkige moeder! Uit barmhartigheid koop, koop mij toch!

BIRD, *onthutst.* U! u koopen? Wel, ik koop niemand, mijn kind; en ik ben op reis, ver van de mijnen verwijderd;... ik heb naauwelijks zooveel geld bij mij, om....

HARRIS. Mijnheer de Commissaris! Is het geoorloofd de verkooping dusdanig op te houden en te verstoren?

COMMISSARIS. Gij hebt gelijk, Mijnheer! *Hamerslag.*

ELISA. Gij hoort het, Mijnheer! Ach, in naam van hen die u liefhebben, in naam uwer waardige vrouw, in naam van uw kind, dat verrezen is, tot den Vader van alle schepselen, ik bid, ik smeek u, laat ik u toebehooren!

BIRD. Mijn kind!... *Geschokt.* Maar... maar wat moet ik dan doen! Wat is hier geschied? Ik versta er niets van.

COMMISSARIS, *langzaam.* Achthonderd Dollars!

BIRD. Achthonderd? Drommels, maar,... wat zal ik zeggen? *Luid en onbedachtzaam.* Achthonderd en vijftig... *Ter zijde.* Ik weet waarachtig niet wat ik doe.

HARRIS. Ah, Mijnheer *Bird* biedt mij het hoofd? *Verachtelijk.* Negenhonderd!

BIRD. Het schijnt, dat hij mij daar met verachting aankeek! Nu zeg ik, Negenhonderd vijftig.

HARRIS, *met kracht.* Twaalfhonderd Dollars.

BIRD. Twaalf! *Zacht.* Gij ziet, mijn kind, het is mij onmogelijk!

ELISA, *altijd geknield.* Ach, Mijnheer, beproef, in Gods naam, beproef het nog eens! Nacht en dag zal ik werken, zal ik al mijne krachten inspannen, deze som te winnen, haar u terug te geven! Geen werkzaamheden zullen mij te zwaar vallen, alles, alles, zal ik verdragen, alle vermoeijenissen doorstaan, om mijne schuld bij u af te doen!

BENGALI, *weenende.* Ach, datte breeke mijn harte! *Af.*

TOM, *tot Bird*. Gij zoudt dat geld geven, Mijnheer *Bird*, om haar het leven te redden, en zij smeekt u hare eer te redden.

COMMISSARIS. Twaalfhonderd Dollars,...twaalfhonderd!

HARRIS, *tot den Commissaris*. Gij ziet, Mijnheer dat men er van af ziet. Sla toe, voor....

BIRD. Een oogenblik! Twaalf honderd vijftig!

HARRIS, *met kracht*. Twee duizend!

BIRD. Twee duizend twee honderd!

HARRIS. Twee duizend vijf honderd!

BIRD, *ter neêr geslagen*. Het is gedaan! Ik heb getracht u te verdedigen, de worsteling staat niet gelijk!... *Hij wil zich verwijderen*. Mijne krachten schieten te kort.

COMMISSARIS. Twee duizend vijf honderd dollars!

ELISA, *zich aan de kleederen van Bird klemmende*. Gij, ook gij verlaat mij dan!

BIRD. Ik bezit niet meer, mijn kind! Ik kan niet *méér* doen, en dan, dit tooneel doet mij te zeer aan! Laat mij, laat mij van hier vertrekken!

TOM. Mijnheer!

ELISA. Medelijden, om Gods wil, medelijden!

BIRD. Vaarwel!

COMMISSARIS, *opstaande*. 2500 dollars! de koop toegestaan aan...

GEORGES; *door alles dringende, met donderende stem*. 3000 dollars!

ELISA, *geeft een gil en valt hem om den hals*. Georges!

Achtste Tooneel.
DE VORIGEN. GEORGES.

TOM. *Georges!*

HARRIS. Hij hier.

BIRD, *verheugd.* Haar man. Nu hebben wij versterking.

HARRIS. *Georges*, hier!

HALEY, *inkomende.* Ja, *Georges*, dien ik van u heb gekocht, Mijnheer *Harris* ... en die thans een vrij mensch is.

ELISA. Gij zijt het dan! Ach, *Georges!* zeg mij dat het geen droom is, dat ik niet krankzinnig ben.

GEORGES. Ja, *Elisa*, ik ben het! Uw *Georges* die u komt redden,

HARRIS, *woedende.* Ei, ei, *Georges!* Gij vrije man, brengt gij schatten mede van Canada, om tegen mij te worstelen! Weet gij dan niet, dat ik *Harris* heet? Dat ik alleen rijker ben dan gij allen te zamen? En dat ik in staat ben dat onmetelijk vermogen af te staan, om aan mijne begeerte te voldoen! Tusschen ons tweeën, *Georges!* — Drie duizend vijf honderd dollars!

GEORGES. Vier duizend?

HARRIS. Vier duizend? Wel nu! *Men hoort het geschreeuw van:* Brand, *en het gelui der klokken. Bengali komt ontsteld op: schreeuwende:* brand! brand!

Negende Tooneel.
DEZELFDEN. BENGALI.

BENGALI. Brand! brand!

ALLEN. Brand!

BENGALI. Hoor, hoor ze goed! Klokken, allemaal lui!

ALLEN, *naar de plaats van den brand ziende.* Inderdaad. Hij heeft gelijk!

HALEY. En daar in de verte, niets dan damp,.. het flikkeren van een helder licht ...

HARRIS. Ik beef? Waar, waar is de brand?

BENGALI. Ik niet weet. Maar allen zeg:... daar, ver weg, suikerplantaadje, bij de rivier!
HARRIS, *buiten zich zelven.* De mijne!
BENGALI. Zij isse an U?
HARRIS. Moest mij *dat* overkomen!... Geruineerd! Verloren! *Met eenige vrienden af.*

Tiende Tooneel.
DE VORIGEN. Later HARRIS.

GEORGES, *met kracht, tot den Commissaris, die wil vertrekken.* Blijf, Mijnheer! Wat er ook voorvalle, het is uw pligt de Verkooping te vervolgen.
HALEY. Ja, dat is uw pligt, gaan wij door!
BIRD. Natuurlijk, dat is volgens de Wet!... *Stil tot Bengali.* Maar deze brand!
BENGALI, *zacht, aan Bird en Haley.* Stil!... Ze heb gegeef een Dollar aan de man van de klok, en ze heb veel bosschen maïs gestook in de brand! Stil, stil, ze mot niet zeg!
BIRD, *zich vergetende.* Bravo! Uitmuntend! Overheerlijk!... *Ter zijde.* En toch is het weer geheel strijdig met de Wet wat hij daar heeft gedaan!
GEORGES. Mijnheer, ik heb gezegd, Vierduizend Dollars!
COMMISSARIS. Voor Vierduizend Dollars! Niemand meer dan Vierduizend Dollars? Niemand?
BIRD. Maak voort, Mijnheer, maak voort!
COMMISSARIS. Toegeslagen! *Allen omhelzen Georges.*
ELISA, *zich van Henri meester makende.* Vertrekken wij, *Georges!* Laat ons deze verschrikkelijke plaats ontvlugten! *Zij zal met Georges en Henri vertrekken. De Inspecteur wijst op Henri. Zij blijft als versteend staan.*
COMMISSARIS. De slaaf *Henri*, oud vijf jaar.

ELISA. Hij, mijn kind! *Georges aanziende.* Thans vrees ik niets meer, gij zijt bij ons!... *Den groep koopers aansprekende.* Het is onze zoon, Mijne heeren! Is er iemand onder u, die ons, ons kind zal betwisten?

HALEY. Stel u gerust, *Harris* is er niet meer!... *Zij hebben Henri voor den Commissaris geplaatst.*

COMMISSARIS. Ingesteld voor drie honderd Dollars.

GEORGES. Vier honderd, Mijnheer!

HENRI. Wat gebeurt er met mij, moeder?

ELISA, *bij hem gaande.* Zwijg, zwijg mijn kind!

COMMISSARIS. Wie biedt er meer dan Vierhonderd Dollars?

BIRD. Niemand, Mijnheer, niemand!.... Er bevinden zich thans alleen eerlijke lieden hier!

COMMISSARIS, *opstaande.* Vierhonderd Dollars? Geeft acht, mijne heeren! Niemand meer?....

Elfde Tooneel.

HARRIS, *in wanorde.* Houd op!

ALLEN. *Harris!*

HARRIS. Men heeft mij bedrogen, het was een strik waardoor men dacht mij te vangen!.... De moeder is verkocht, maar het kind is er nog..... Vijfhonderd Dollars!

GEORGES. Ellendeling!,... *Bird en Haley houden hem tegen.*

ELISA, *buiten haar zelve. Georges*, hij heeft gezegd vijfhonderd.

GEORGES. Vijfhonderd vijftig!

HARRIS. Zeshonderd.

GEORGES, *krampachtig, de bankbiljetten uit zijn borst te voorschijn halende.* Zevenhonderd, achthonderd! Al wat ik bezit! Laat mij mijn kind!

HARRIS. Zoo, zijt gij uitgeput! Duizend dollars!

ELISA, *Georges onbeweeglijk ziende.* Georges, hebt gij niet gehoord? Hij zeide....

GEORGES, *terneêr geslagen.* Ik kan niet; ik bezit niet meer!

ELISA. Niet!

BIRD. Ja, maar ik heb nog wat! Ziehier, neem alles wat mij overschiet, neem.... en bied hem het hoofd, laat u niet ontmoedigen!.... Deze keer is het volgens de Wet!

BENGALI. Ja, ja! Ik ooke! anneem, geld voor *Philemon* ontvang! —

GEORGES, *de hand vol bankbiljetten.* Achttienhonderd Dollars!

HARRIS. Tweeduizend.

ELISA, *wanhopend.* Gij zegt niets? *Georges!* Hadt gij mij dan den beul in handen gelaten! Zorg ten minste dat ons kind gered zij!

BENGALI, *met vreugde, tot Haley.* Ah,.... Meester *Haley!* Van daag geboden voor *Bengali* vijf honderd Dollars?

HALEY, *snel.* Ja, zoudt gij er nu toe overgaan?

BENGALI, *aan zijne voeten.* Gaauwe, gaauwe, schielijk, vijf honderd Dollars,.... en *Bengali* is de slave van hem!

HALEY, *met vuur.* Hoe! Gij vraagt mij dat voor? — *Op Georges wijzende.* Voor dezen schoonen trek, zijt gij wel tweehonderd Dollars meer waard! daar hebt gij er zeven honderd!

BENGALI, *altijd geknield tot Georges.* Zeven honderd Dollars, nog meere, nog meere!

GEORGES. Dank, mijn vriend. Dank!... twee duizend vijf honderd....

HARRIS, *woedend.* Drie, vier, vijfduizend Dollars. *Georges wankelt.*

ELISA. *Georges, Georges,* spreek dan toch! Denk om dien noodlottigen hamerslag!

COMMISSARIS, *opstaande.* Niemand meer?

ELISA. *Georges,* hij maakt zich meester van ons kind! *Georges!*

COMMISSARIS, *toeslaande.* Toegeslagen!

ELISA, *Henri vattende.* Neen, onmogelijk, dat kan niet, *Henri,* mijn zoon!.. *De geregtsdienaars beletten Georges zich van het kind meester te maken.*

HARRIS, *Elisa, het kind ontnemende.* Hij behoort aan mij! *Elisa geeft een gil, en valt buiten kennis in de armen van Tom* Tafereel.

EINDE VAN HET ZEVENDE BEDRIJF.

ACHTSTE BEDRIJF.
WONING VAN HARRIS.

Aan de boorden der Misssissipi. Achtergrond, de gebouwen, enz. Regts, 1º. plan. Een Paviljoen. Links, de Zoom van een Bosch. Eenige op zich zelven staande boomen, planten enz. eene laan vormende.

Eerste Tooneel.

Bij het opgaan der Gordijn, zit ELISA op de stoep van het Paviljoen, tegen de deur, te luisteren. Het is naauwlijks dag.

ELISA. Ik hoor niets, de dag breekt aan; ik moet mij verwijderen! Geen nacht gaat er voorbij of ik zwerf om deze woning rond, de hoop koesterende mijn *Henri* te zien. Alle nachten hoorde ik hem weenen, zijne smart deed ook *mij* lijden, en toch zegende ik den Hemel, dat ik zijne stem mogt hooren: want, sprak ik tot mij zelve: » daar hij om mij schreeuwt, daar hij om mij weent, heb ik ten minste de zekerheid dat hij nog bestaat, en de goede God kan hem mij nog teruggeven." Maar dezen nacht, niets, niets; ik heb zijn geluid niet mogen hooren! *Met drift.* Men komt, men nadert! *Met moeite opstaande, zich, links, verwijderende.* Ach, deze onzekerheid is verschrikkkelijk. Ik kom terug, mijn *Henri*, ik keer terug, mijn zoon! Goede Hemel, bescherm hem tegen onzen vijand! *Af in het bosch.*

Tweede Tooneel.

BENGALI, daarna HARRIS.

BENGALI *in liverei, van den achtergrond het Paviljoen beschouwende.* Datte de hut isse van Meester *Harris*... Als ikke de boodschap brenge van Meester *Haley*, ikke misschien *Tom* zien. Isse ongelukkig, *Tom:* ooke gekochte door Meester *Harris*. Slechte Meester! *Hij klopt aan de deur.*

HARRIS, *uit het Paviljoen komende.* Wie is daar?

BENGALI. Dat isse daar, ikke, en ikke, *Bengali*, ben.

HARRIS, *Bengali*, de slaaf van Mijnheer *Haley*?

BENGALI. Ikke, niet slaaf; bediende: ikke Heer.

HARRIS. Wat wilt gij?

BENGALI. Meester van *Bengali*, heer *Haley*, gaarne spreeke met Meester *Harris*.

HARRIS. Dat hij kome, uw Meester!

BENGALI. Meester van *Bengali*, komt. *Roepende.* Hier heen Meester, de Heer Harris isse hier!...

Derde Tooneel.

DE VORIGEN. HALEY, van den achtergrond, links.

HARRIS. Zijt gij daar, Meester *Haley*?

HALEY. Uw dienaar, Mijnheer *Harris*. Ik kom....

HARRIS, *op Bengali wijzende*. Het schijnt mij toe, als ik dien zot daar beschouw, dat gij uwe slaven een zonderling denkbeeld van onafhankelijkheid inprent.

HALEY. Wat wilt gij? Ik tracht het verledene te vergeten, door die arme duivels met zachtheid te behandelen.

BENGALI. Meester *Haley*, goed Meester, zachte als *Cold Cream*.

HALEY. Ik ben een goede duivel, niet waar?

BENGALI. Meester *Haley* isse als amandel-deege, zoo goedte.

HALEY. En gij houdt veel van mijn amandel-deeg, niet waar?

BENGLI. Ze geloove wel!... deelicate eete....

HALEY. Gij hoort het, Mijnheer *Harris*, hij verbeeldt zich dat ik een banket-bakker ben in plaats van een parfumeur.

BENGALI. Zoo isse, Meester *Haley*, Bankettebakker!

HALEY. Zoodat hij, den ganschen dag, reukwater drinkt, en mijn *Cold Cream* oppeuzelt, zijne dorst lescht met mijn Eau de Bottot, en de Salade toebereidt met rozenolie en azijn van *Bully*.

BENGALI. Isse zoo, Meester!

HARRIS. Ik veronderstel, Mijnheer *Haley*, dat gij niet hier zijt gekomen, om mij over die bijzonderheden te onderhouden.

HALEY. Gij hebt gelijk... *Hij geeft een teeken aan Bengali zich te verwijderen.* Ik kom u over *Georges* spreken.

HARRIS. Ah ja, over *Georges*... die, na den verkoop van zijn kind, zich tegen de geregtsdienaars heeft durven verzetten.

HALEY. Over *Georges*, dien men naar de gevangenis voerde, en daar hij eerst over eene maand zal geoordeeld worden, wie weet wanneer de ongelukkige zijne vrijheid zal terugkrijgen.

HARRIS. En wat gaat mij dat aan? Zoudt gij voornemens zijn, mij omtrent de gevangenschap van *Georges* te verteederen?

HALEY Neen, Mijnheer, neen. Hij is bekend met de slechte handelwijs, die gij zijn zoon doet ondergaan, van de strikken die gij zijne vrouw spant. Ik heb hem in zijne gevangenis gezien, woedend en ten prooi der verschrikkelijkste wanhoop Vroeg of laat, komt *Georges* vrij,.. en hij zal u dooden.

HARRIS. Gij zegt?

HALEY. Ik zeg, dat hij u zal dooden.

HARRIS. Gelooft gij mij door bedreigingen vrees aan te jagen?

HALEY. Neen. Ik raad u alleen aan, u wat menschelijker omtrent het kind te gedragen, en wat meer ingetogen jegens de moeder,... of u te herinneren dat *Georges* eenmaal vrij zal zijn.

HARRIS. Goed, wij hebben eene maand tijds om daaraan te denken!

HALEY. Zeer goed. Tenzij dat hij, onder borgstelling, uit zijne gevangenis worde gelaten,.. de Wet geeft hem dat middel aan de hand.

HARRIS. Een borg van vijf duizend Dollars? Ik twijfel er aan, of hij een eerlijk man zal vinden, die er in toestemt deze som voor hem te betalen.

HALEY. Dat kan uw laatste woord niet zijn, Mijnheer *Harris!* Geef mij ten minste een vertroostend antwoord voor hem mede.

HARRIS. Zeg aan uwen *Georges*, dat hij ziet dien borg te verkrijgen, en dat ik hem dan afwacht...

HALEY, *met intentie.* Ja ik zal hem uwe woorden overbrengen, Mijnheer *Harris*, ik zal er geen woord van laten ontsnappen. *Af met Bengali.*

Vierde Tooneel.

HARRIS. Daarna TOM.

HARRIS. Eene maand! Meer dan ik noodig heb! Stond ik niet reeds éénmaal op het punt te slagen? Het was op een nacht, dat *Elisa*, zoo als zij gedurig om mijne woning zwerft, haar zoon trachtte te ontdekken. Ik naderde haar ongemerkt, ik had haar in mijne armen, toen ik mij, onverwachts, door een' man, een monster van kracht, ruggelings voelde aangrijpen en ter nederwerpen, die mij, hijgende en half bezwijmd, met den voet op mijne borst, in bedwang hield, terwijl *Elisa* vlugtte! Wie mag die man zijn, zoo stout, die mij als met een' ijzeren arm ter aarde wierp? *Georges* is gevangen. Mijne slaven hier in huis, zijn allen oud en zwak. O, mogt ik hem ontdekken! Zijn lot ware bepaald!

TOM, *regts*. Meester!...
HARRIS. Wat is er?
TOM. *Nelly* wenschte u te spreken, Meester...
HARRIS. *Nelly?*
TOM. Het kind van *Elisa*, dat gij haar hebt toevertrouwd, is ziek: zij vraagt of de Meester wil toestaan, dat zij er mede in de lucht gaat.
HARRIS. Ik verbied het haar.
TOM. Het kind heeft er behoefte aan, Meester!
HARRIS. Genoeg!
TOM. Het roept gedurig om zijne moeder. Hij ziet haar niet:... zijne gezondheid wordt van dag, tot dag, zwakker...
HARRIS. Wat gaat mij dat aan?
TOM. Het kind zal sterven, Meester...
HARRIS, *woedend*. Welnu, dat hij...
TOM, *hem met kracht bij den arm vattende.*

Meester!... *Verschrikt door hetgeen hij heeft gedaan, op een anderen toon.* Meester!...

HARRIS, *zijn' arm bevoelende, en Tom scherp aanziende.* Gij... gij hebt nog een sterken arm, vriend *Tom!*

TOM. Ik?

HARRIS. Ik dacht dat gij door uwen ouderdom, zwakker waart.

TOM, *verlegen.* Meester!...

HARRIS. Gij waart vroeger de metgezel van *Elisa*, toen zij nog eene slavin was?

TOM. Ja.

HARRIS. Ik durf wedden, dat gij haar in geval van nood zoudt verdedigen...

TOM, *verlegen.* Haar verdedigen, en tegen wien?

HARRIS. Wie weet. Eene schoone, jonge vrouw, die gedurende den nacht haar kind zoekt te naderen! *Ter zijde.* Hij is het. *Luid.* Zoo gij haar toevallig mogt ontmoeten, zeg haar dan, dat het lot van haar kind zich in mijne handen bevindt.

TOM. Ik zal het haar zeggen.

HARRIS, *ter zijde.* En ik verlies u niet uit oog. *Hij vertrekt regts. Op het oogenblik dat hij het Tooneel zal verlaten, ziet hij naar den kant van het boschje, waaruit Elisa te voorschijn komt.* Ah! *Af.*

Vijfde Tooneel.

TOM. Daarna ELISA, en dan HARRIS, hen beluisterende.

TOM. Wat keek hij mij onder het spreken aan! Hij verdenkt mij! Welnu, hij kan met mij doen wat hij verkiest.

ELISA, *uit het bosch komende. Tom!*

TOM. Hemel, *Elisa*, gij hier, op den dag?

ELISA, *Kort af. Tom*, hebben zij mijn kind gedood

TOM. Neen, neen, het leeft! *Voorzichtig.* Doch zijne krachten verminderen.

ELISA. Is hij ziek! *Vast beraden.* Ik wacht niet langer! Ik wil mijn *Henri* terug hebben, verstaat gij mij, ik wil! En daar die man hem mij weigert, zal ik hem mijn kind ontstelen. *Tom*, hetgeen wij over eenige dagen zouden doen,.. zal ik heden ten uitvoer brengen. Wanneer ik van daag mijn kind niet terug heb, ben ik, morgen, krankzinnig! De sleutel van het paviljoen, alwaar hij zich bevindt, die sleutel, gij hebt hem mij beloofd, ik moet, ik wil hem hebben.

TOM. Ziehier, daar is hij!

ELISA. De galerij die naar zijne kamer leidt?

TOM. Ik zal er zijn.

ELISA. De wacht-honden?

TOM. Zal ik vastleggen. Maar gij doet mij beven, wanneer hij u eens, zoo als over acht dagen, betrapte, misschien zou ik niet daar zijn.

HARRIS *op den achtergrond.* Hij is het geweest.

TOM. Misschien zou ik die bovenmenschelijke kracht, welke mij toen bezielde, niet terug vinden, die mij door den Hemel schijnt gegeven te zijn, om u aan zijne armen te ontrukken.

HARRIS, *hem naderende.* Uwe tegenwoordigheid zou nutteloos zijn, vriend *Tom.*

TOM. De Meester!

ELISA. Hij!

HARRIS. Wij zullen elkander volkomen verstaan, de schoone *Elisa* en ik. Maar eerst wil ik met u afrekenen. Hola, de broeders *Quimbo!*

ELISA. Wat gaat gij doen? *Zij komen op.*

HARRIS. Voert dezen man met u! Hij heeft mij verraden, hij heeft de hand tegen mij durven opligten, en de voet van den slaaf heeft op de borst van den meester gestaan! Ik geloof dat ik er u genoeg van gezegd heb.... Weg met hem, ik lever hem aan u over!

ELISA, *tot Tom*. *Tom, Tom!* Door mij, zijt gij verloren!

TOM. Ween niet *Elisa!* Ik ben gewoon te lijden — en de Meester weet, dat ik genoeg kracht bezit om de smart te verdragen.

HARRIS, *woedend*. Weg met hem! Verbrijzel hem het gebeente, daar hij zooveel kracht bezit om de smart te verdragen.

Zesde Tooneel.

ELISA. HARRIS.

ELISA. Genade, genade, Mijnheer!

HARRIS. Voor hem? Kom, kom, wanneer hij mij bestolen had, mij had willen ontvlugten, zou ik hem misschien vergeven, maar hij heeft u aan mijne armen ontrukt, u aan mijne liefde betwist, en dat zijn van die kleinigheden die men niet makkelijk vergeeft!

ELISA. Uwe liefde!

HARRIS. Ja, *Elisa*, ik bemin u. De tegenstand, die gij biedt, wakkert deze liefde steeds aan, en om van u weder bemind te worden, zou ik mijn gansche vermogen, al mijne bezittingen willen opofferen.

ELISA. Eerlooze! Hij durft mij van liefde spreken, terwijl hij een mensch vermoordt!

HARRIS. Eén woord van u, *Elisa*, dan zijt gij hier de Meesteres, ik schenk dien man genade, en geef u uw zoon terug!

ELISA, *met afgrijzen*. *Henri*, mijn Zoon! Waar is hij? Waar bevindt hij zich?

HARRIS, *koel*. Dat is mij alleen bekend.

ELISA. Gij wilt hem dooden?

HARRIS, *ironiesch.* Hem dooden! Neen, er sterven zooveel kinderen, zonder dat men ze doode! Dit land is in overvloed voorzien van watervallen en afgronden; er kan zich een ongeluk opdoen, een toeval, dat mij onverantwoordelijk maakt... *Haar den arm drukkende.* En op dit oogenblik is een der broeders *Quimbo* met uw kind belast.

ELISA. Groote God!

HARRIS. Niemand buiten hem en mij, weet waar hij het heen voert. Luister wel, wanneer de klok van deze plaats twee uren slaat...

ELISA. Twee uren!

HARRIS. Indien ik *Quimbo* en uw' Zoon ga halen, kunnen zij te zamen weder keeren... Zoo ik hier blijf, komt *Quimbo* alleen terug!

ELISA, *geknield.* Neen, neen, dat zult gij niet doen. Gij zult dezen gruwel niet begaan, gij zult geen kind vermoorden.

Zevende Tooneel.

VORIGEN. BIRD.

BIRD, *binnen.* Waar bevindt zich Mijnheer *Harris*, waar is hij? *Opkomende.* Ah, vind ik u eindelijk?

HARRIS. Mijnheer *Bird!*

BIRD, *bewogen, bevende.* Gij weet dan niet wat er bij u omgaat, Mijnheer! Zie mij aan, ik beef er nog van. Hebt gij die smartelijke kreten dan niet gehoord?

ELISA. Arme *Tom!*

BIRD. Weet gij dan niet, dat, hij bijna levenloos, onder hunne slagen is nedergevallen?

ELISA. Mijn zoon, mijn kind, wil hij ook dooden!

BIRD. Hij zal hem niet dooden. Maar *Tom* sterft! Spoedig, hem ter hulp gesneld.

ELISA. Ja, ik zal hem bijstaan,... hem in het leven terug roepen. En, zoo zij mij terug stooten, kunnen zij ook mij dooden! *Af, regts.*

BIRD. Maar kom dan toch, Mijnheer!

HARRIS. Wat belieft u?

BIRD. Die menschen zonder medelijden, zoo als gij, hebben mij niet willen aanhooren. Zij zijn, op uw bevel begonnen, en, zoo als zij zeggen, zullen zij niet dan op uw bevel ophouden. *Hij wil hem medevoeren.* Kom dan, Mijnheer, ga, om die beulen te zeggen....

HARRIS, *zich losmakende.* En sedert wanneer heb ik het regt niet meer, de schuldigen in mijn huis te kastijden?

BIRD. Noemt gij dat, kastijden? Maar het is een moord, Mijnheer, ja, een moord! Komt gij?

HARRIS. Neen!

BIRD, *kan zich niet bedwingen.* Niet, niet? Sir *Richard Harris*, gij zijt een moordenaar!

HARRIS, *hem bij den arm nemende.* Ongelukkige, weet gij wat dat woord u kosten kan?

BIRD. Mijn leven, misschien! En nu?

HARRIS. Het zij zoo!

BIRD. Ik heb mij zelven nooit afgevraagd, of ik den moed voor het tweegevecht bezat;.. maar dat zweer ik u, dat gij mij niet zult doen beven.

HARRIS. Waarlijk?

BIRD. Gij glimlacht, gij ziet mij met minachting aan. O, ik versta dien trotschen blik, die mij schijnt te zeggen: »gij bezit noch mijne jeugd, noch mijne kracht, noch mijne vlugheid!... *Het hoofd opheffende.* Maar het voordeel dat ik op u heb, *Harris*,.. dat is de heilige zaak, welke ik verdedig, het goed regt dat mij ondersteunt, de Hemel zal met mij zijn... ik geloof dat ik u dooden zal...

HARRIS. Gij zult mij ten minste niet martelen! *Roepende. Daniel*, twee buksen! Maar is het u bekend, Mijnheer, op welke wijze wij de beleedigingen in ons land wreken?

BIRD. Ja, ja, uwe wreedaardige, barbaarsche tweegevechten zijn mij bekend. Daar in het Oude Europa eene zaak van eer zich op het ruime veld laat afdoen, met open gelaat, en bloote borst, in tegenwoordigheid der regten die het gevecht regelen, gereed de wetten in te roepen, tegen hem die zich mogt vergeten, — sluit men zich, hier, op, in een donker vertrek, zonder uitgang, door beide partijen gesloten,.. geen getuigen hebbende dan de Voorzienigheid, die zij beleedigen! Daar is het, dat zij zich in de duisternis trachten om te brengen!... Afschuwlijk en geheimzinnig tweegevecht, alwaar alle laagheid en verraad mogelijk is. Zoudt gij een tweegevecht van dien aard begeeren, ik ben gereed!

HARRIS. Neen. Een zoodanig gevecht zou tusschen ons ongelijk zijn... Ziet gij het bosch, dat zich van deze plaats tot aan de rivier uitstrekt?

BIRD. Ja, ik weet, dat het ook gewoonte is, dat de twee strijdenden zich in het bijna ondoordringbare digt bewasschen bosch begeven, dat aldaar de worsteling begint, die minder moedig, als listig en verraderlijk is. — Wat gelijkt gij alsdan op die schepselen, op die wilde horden, die wij uit dit land verjaagd hebben, want dan vervolgt gij elkander, gedekt door de struiken, elkander bespiedende, u verbergende, uwe prooi beglurende, om, op uw gemak, op haar aan te leggen, en haar op een' afstand te vermoorden! Ik herhaal het u, Mijnheer, ik ben gereed.. *Een Neger brengt twee buksen.*

HARRIS. Gij verkiest:... het zij zoo. *Hij geeft hem eene buks.* Neem aan, en dat uwe hand niet beve!

BIRD. Laat ons gaan, Mijnheer?

HARRIS. Laat ons gaan! *Zij willen vertrekken.*

Achtste Tooneel.

De VORIGEN. GEORGES, met eene buks, HALEY. BENGALI.

GEORGES, *tot Bird, op vasten toon.* Ik dank u, Mijnheer, de regels van het gevecht bepaald te hebben:... ik neem ze aan!

BIRD. Gij!

HARRIS. *Georges!*

HALEY, *ironiesch groetende.* Ach ja, hij heeft een eerlijk man gevonden die zijn borgtogt betaalde.

GEORGES. Ik wacht u, Mijnheer *Harris!*

BIRD, *snel.* Een oogenblik! sta mij toe, ik ben het alleen, die....

GEORGES, *hem de hand drukkende.* Gij, Mijnheer! Gij hebt een edel hart; doch uw leven behoort aan anderen... *Tot Harris.* Gaan wij!

HARRIS. Ik met hem vechten, die gisteren nog mijn slaaf was?

GEORGES. En thans vrij, zoo als gij!

HALEY. Dat hebt gij aan mij te danken, vriendje! Ik heb hem vrij gemaakt; ik heb hem uit de gevangenis gehaald! Zie nu, dat gij uw zelven verder helpt.

HARRIS. Ik ken hier geene tegenpartij, (*Bird aanduidende*) dan den man, die mij beleedigde.

GEORGES. Hij! *Op Harris afkomende.* Hij be-

leedigde u door woorden, maar niet met zijne handen! *Hij slaat hem in het aangezicht.*
HARRIS. Ellendeling! *Hij wil op Georges af, maar wordt door Haley en Bird teruggehouden.*
HALEY, *koel.* Pardon, Sir *Harris*, pardon;... zoo moet men handelen bij zulke gelegenheden. Mijnheer *Bird* zal Mijnheer *Georges* in het bosch geleiden, van den kant der rivier. En gij zult mij volgen.
HARRIS, *tot Georges.* Tot wederziens!
GEORGES. Gegroet!
BIRD, *op den achtergrond.* Maar dan was het de moeite niet waard, mij uwe Buks te geven.
GEORGES, *hem medenemende.* Komaan, Mijnheer *Bird*! *Harris en Haley gaan links, de anderen, langs den achtergrond.*

Negende Tooneel.

BENGALI, *alleen, verschrikt.* Ikke gered! Buks niette gezond! Ikke tok zien wille, wie dood blijve. *Snel.* Slimme invalle! ikke op de boome klimme. *Hij klimt op een boom.* Ikke bid, Meester *Harris* uitstap. *Uitziende.* Daar zijn zij, ikke zie! *Georges* aanlegge op *Harris*! *Georges* zoeke naar *Harris*! *Men hoort een schot.* Georges gerake? Neen, neen, hij niete! De kogel zit in de hoedte... en valt met hem op de grondte. Ikke niet meer zien! Niete, niemendal! *Eensklaps, op Harris wijzende, die verschijnt.* Ja, tokke....

Tiende Tooneel.

BENGALI, op den boom. HARRIS.
Daarna GEORGES.

HARRIS, *uit het bosch komende.* Gewond, gewond, hier!....

BENGALI. Hij isse geraak. Ikke gebid heb....

HARRIS. Hij denkt misschien, dat ik het gevecht niet meer kan voortzetten! Vlei u daarmede niet, *Georges! Hij legt aan.* Kom, nader,.. en wanneer ik u onder het bereik mijner buks krijg....

BENGALI. Daar isse *Georges! Schreeuwende en wijzende.* Niette niette, digt kom, hij niette dood isse!

HARRIS, *het hoofd oprigtende.* Wat is dat!

GEORGES, *binnen.* Op, Sir *Harris*, op!

HARRIS, *op de knieën en mikkende.* Ga uw gang dan....

GEORGES *trekt af, Harris valt neêr.*

BENGALI. Z' is doodte! *Van alle kanten, ziet men slaven komen, die het lijk van Harris omringen.*

ELISA, *regts, opkomende. Georges!* Een tweegevecht!

GEORGES, *op Harris wijzende.* Ik heb u gewroken!

ELISA, *schrikkende.* Ongelukkige, wat hebt gij gedaan? Gij hebt onzen zoon gedood!

GEORGES. Wat zegt gij daar,... onzen....?

ELISA. Begrijpt gij mij niet! Zoodra de klok twee uren slaat,... is ons kind verloren.

GEORGES. *Elisa*, gij jaagt mij een doodschrik aan!

ELISA, *bij Harris knielende.* Mijnheer *Harris*, ach, die verschrikkelijke doodskleur! Mijnheer, waar is mijn kind? In naam van den Regter, die u wacht, bega deze misdaad niet, op het oogenblik dat gij voor uwen God zult verschijnen! Maar, waar is mijn zoon! Waar bevindt zich mijn kind?

HARRIS, *zich oprigtende.* Uw... uw kind,... haast u!... Het is,.. ach,.. ik sterf! De dood... nadert:... ik kan niet — meer. *Hij sterft.*

ELISA, *in de armen van Georges.* Wij hebben geen zoon meer!

Elfde Tooneel.

DE VORIGEN. BIRD, gevolgd door NEGERS.

BIRD, *geheel verward*. Ik heb daar een mensch gedood!
ALLEN. Wat zegt hij?...
BIRD, *naauwelijks kunnende spreken*. Men heeft goed praten, al is men in zijn regt, het brengt je toch van je stuk....
GEORGES. Wat is u dan overkomen?.. Spreek toch.
BIRD. Zoo, zijt gij daar! Leeft gij nog..? Zooveel te beter, dat doet mij genoegen;.. en... als ik hem niet geheel en al gedood heb....
GEORGES. Maar wie dan?
BIRD. Dat zal ik u vertellen... Ik bevond mij aan de andere zijde van het bosch, digt bij de branding, toen ik eensklaps,..! zie, juist op het oogenblik dat de klok twee uren sloeg...
ELISA. Twee uren!...
BIRD. Toen ik eensklaps hoorde schreeuwen; ik nader, zoek, zie toe... en ik ontdek een afschuwelijken Neger, die een kind bij zich had, dat ik naauwlijks gezien heb... en dat hij wilde dwingen zich in de Rivier te storten!...
ELISA. Mijn God!
BIRD. De arme kleine schreeuwde, dat mij het hart brak, genade aan den man vragende, die hem vergezelde!... Het koude zweet deed mijn ligchaam verstijven... Dat geweer, dat ik nog altijd bij mij had, valt in mijn linkerhand, zoo,... en toen,.. zonder mij rekenschap af te vragen van hetgene ik deed, bijna zonder met zekerheid aan te

leggen, want ik zag niets meer, trok ik af, ... en zag ik dien man ter aarde storten.

ELISA. En het kind, het kind?

Twaalfde Tooneel.

DE VORIGEN. HALEY draagt HENRI. Daarna TOM.

HALEY. Is het uwe, *Elisa!* Hier is het, ik breng het u weder!

GEORGES en ELISA. Mijn Zoon, ons kind!

BIRD, *zich het voorhoofd afvegende.* Dat grapje kan me weer duizend Dollars kosten!

HALEY. En mij ook!

ELISA. Maar waar is *Tom?* Hebben zij hem gedood? *Tom verschijnt; hij kan zich naauwelijks staande houden.*

BIRD. Neen, daar is hij!

TOM, *bij het ligchaam van Harris knielende.* Goede Hemel, vergeef hem zijne mistappen! *Hij zijgt neder.*

BIRD, *hem aanziende.* Komaan, ik heb het al gemerkt, onze Wet is nog voor veel veranderingen vatbaar; ik zal er mij mede belasten; doch danken wij thans den lieven God, voor zijne liefderijke bescherming.

ALLEN. Hemel wij danken U, wij danken U!

GROEP.

EINDE.

Gedrukt bij D. J. MENSING & Co., Rott